Tomer Devorah

Die Palme von Deborah

Rabbi

Moshe Cordovero

Akronym

Übersetzung

Saphir Shalom Toledano

SimchatChaim.com

There is no known book without mistakes. Therefore, I ask in every language of application if anyone has any questions, comments, clarifications, corrections, please send to: book@simchatchaim.com

All material used in this section may not be used for commercial purposes, but only for study and teaching.
To get this book or books and information Email me at:

book@simchatchaim.com

Copyright©All Rights Reserved to

Saphir Shalom Toledano

www.simchatchaim.com

647-818-6747

YB"S©All rights reserved to the Editor

First Edition 2023

Tomer Devorah
Die Palme von Deborah

Moshe Cordovero
Akronym

Rabbi Moses Cordovero

Der Inhalt des Buches

Seite   **Inhalt**

3.   Rabbi Moses Cordovero - Akronym

11.   Kapitel Eins - Dass es angemessen ist, dass der Mensch seinem Schöpfer ähnelt

35.   Kapitel Zwei - Einige wichtige Aktivitäten, die die wichtigste Richtschnur darstellen

49.   Kapitel Drei - Wie ein Mensch sich die Eigenschaft der Weisheit [chokhmah] aneignen kann

55.   Kapitel Vier - Wie ein Mensch sich mit der Eigenschaft des Verstehens [binah] vertraut machen kann

59.   Kapitel Fünf - Wie ein Mensch sich den Charakterzug der Freundlichkeit [chese"d] angewöhnen kann

65. Kapitel Sechs - Wie ein Mensch sich an den Charakterzug der Strenge [gevurah] gewöhnen kann

69. Kapitel Sieben - Wie ein Mensch sich an die richtige Art des Prahlens [tiferet] gewöhnen kann

73. Kapitel Acht - Wie ein Mensch sich mit den Eigenschaften des Sieges [netsach], der Majestät [hod] und des Fundaments [yesod] vertraut machen kann

77. Kapitel Neun - Wie ein Mensch sich an den Charakterzug des Königtums [malkhut] gewöhnen kann

87. Kapitel Zehn - Sich mit den Sefirot entsprechend der Zeitperiode zu verbinden

Tomer Devorah
Die Palme von Deborah

Moshe Cordovero
Akronym

Rabbi Moses Cordovero

Moshe ben Yaakov Cordovero [hebräisch: משה קורדוביר Moshe Kordovero; 1522-1570] war eine zentrale Figur in der historischen Entwicklung der Kabbala und Leiter einer mystischen Schule in Safed im osmanischen Syrien im 16. Er ist unter dem Akronym "Ramak" [hebräisch: רמ״ק] bekannt.

Nach der mittelalterlichen Blütezeit der Kabbala, in deren Mittelpunkt der Zohar stand, wurden Versuche unternommen, ihrer Theologie ein vollständiges intellektuelles System zu geben, wie etwa von Meir ibn Gabbai. Beeinflusst durch den früheren Erfolg der jüdischen Philosophie bei der Formulierung eines rationalen Studiums des jüdischen Denkens, schuf Moshe Cordovero die erste vollständige Integration der früheren unterschiedlichen Schulen in der kabbalistischen Interpretation. Obwohl er ein Mystiker war, der sich von der undurchsichtigen Bildersprache des Zohar inspirieren ließ, nutzte die Cordoversche Kabbala bei der Systematisierung der Kabbala den konzeptionellen Rahmen der Entwicklung von Ursache und Wirkung vom Unendlichen zum Endlichen, die Methode des philosophischen Diskursstils, die er für die

<u>Tomer Devorah – Die Palme von Deborah</u>   Akronym
Beschreibung eines Prozesses, der sequentielle Logik und Kohärenz widerspiegelt, für am effektivsten hielt. Seine enzyklopädischen Werke wurden zu einer zentralen Etappe in der Entwicklung der Kabbala.

Unmittelbar nach ihm formulierte AR"I in Safed ein neues System der kabbalistischen Theologie mit neuen supra-rationalen Lehren, die das frühere kabbalistische Denken umgestalteten. Während der Lurianismus das kordoverianische Schema verdrängte und im Judentum vorherrschend wurde, lasen seine Anhänger die kordoverianischen Werke in Übereinstimmung mit ihren Lehren. Während der Lurianismus für sie die **Welt** der Rektifikation beschrieb, beschrieb Cordovero die Welt vor der Rektifikation. Beide Ausprägungen der mystischen Renaissance des 16. Jahrhunderts in Safed verliehen der Kabbala eine intellektuelle Bedeutung, die mit dem mittelalterlichen Rationalismus konkurrierte, dessen gesellschaftlicher Einfluss auf das Judentum nach der Vertreibung aus Spanien nachgelassen hatte. Der Name Cordovero deutet darauf hin, dass seine Familie aus Córdoba, Spanien, stammt und vielleicht während der Vertreibung durch die spanische Inquisition im Jahr 1492 von dort geflohen ist. Seine hebräische Unterschrift [Cordoeiro] deutet jedoch stark auf einen langjährigen Aufenthalt in Portugal hin.

Der Ramak wurde entweder in **Safed** im Land Israel geboren oder zog dorthin, der Stadt, die bald als Zentrum der Kabbala und der mystischen Kreativität berühmt werden sollte. Obwohl er sich bis zu seinem

Tomer Devorah – Die Palme von Deborah   Akronym

zwanzigsten Lebensjahr nicht mit mystischen Studien beschäftigte, erwarb sich Ramak bald darauf den Ruf eines außergewöhnlichen Genies und produktiven Schriftstellers. Neben seinen Kenntnissen der Kabbala war er ein Talmudgelehrter und ein in diesen Bereichen geachteter Mann, der das jüdische philosophische Denken souverän beherrschte. Entgegen der landläufigen Meinung gehörte Ramak jedoch nicht zu den Rabbinern, die 1538 von Rabbi Jacob Berab die besondere Semicha ["Ordination"] erhielten, neben Rabbi Yosef Karo [Cordoveros Lehrer in Halakha], Rabbi Moshe von Trani, Rabbi Yosef Sagis und Rabbi Moshe Alshich. Insgesamt lagen Ramaks Beiträge für die Nachwelt in der spekulativen und performativen Kabbala, aber zu seinen Lebzeiten war er der bekannte Leiter der Jeschiwa für portugiesische Einwanderer in Safed.

Nach seiner eigenen Aussage in der Einleitung zu **Pardes Rimonim** hörte Ramak 1542, im Alter von zwanzig Jahren, eine "himmlische Stimme", die ihn aufforderte, bei seinem Schwager, Rabbi Shlomo Alkabetz, dem Komponisten des mystischen Liedes Lecha Dodi, Kabbala zu studieren. So wurde er in die Geheimnisse des Zohar eingeweiht. Der junge Ramak beherrschte nicht nur den Text, sondern beschloss, die kabbalistischen Themen seiner Zeit zu ordnen und in geordneter Form zu präsentieren. Dies führte zur Abfassung seines ersten Buches, Pardes Rimonim ["Granatapfelgarten"], das 1548 fertiggestellt wurde und Ramaks Ruf als brillanter Kabbalist und klarer Denker festigte. Der Pardes, wie er genannt wird, war eine Systematisierung des gesamten kabbalistischen

Tomer Devorah – Die Palme von Deborah   Akronym

Denkens bis zu dieser Zeit und stellte den Versuch des Autors dar, verschiedene frühe Schulen mit den konzeptionellen Lehren des Zohar zu versöhnen, um eine wesentliche Einheit und eine in sich konsistente philosophische Grundlage der Kabbala aufzuzeigen.

Sein zweites Werk - ein Hauptwerk mit dem Titel Ohr Yakar ["Kostbares Licht"] - war ein 16-bändiger Kommentar zur gesamten zoharischen Literatur und ein Werk, dem Ramak den größten Teil seines Lebens gewidmet hatte [die moderne Veröffentlichung dieses großartigen Werks begann Mitte der 1960er Jahre und erreichte 2004 in Jerusalem einen Teilerfolg, obwohl in dem 23-bändigen Werk etwa zwei Drittel des Tikkunei Zohar ausgelassen wurden; weitere Bände werden noch veröffentlicht]. Einige Teile von Ohr Yakar wurden unter separaten Titeln veröffentlicht, z. B. Shiur Qomah, Tefilah le-Moshe usw.

Einige andere Bücher, für die der Ramak bekannt ist, sind Tomer Devorah ["Palmenbaum der Deborah"], in dem er die kabbalistischen Konzepte der Sephirot ["g-ttliche Attribute"] verwendet, um ein System der Moral und Ethik zu beleuchten; Ohr Neerav, eine Rechtfertigung und Betonung der Bedeutung des Kabbala-Studiums und eine Einführung in die Methoden, die in Pardes Rimonim erläutert werden; Elimah Rabbati, eine sehr abstrakte Abhandlung über kabbalistische Belange, die sich um die G-ttheit und ihre Beziehung zu den Sefirot drehen; und Sefer Gerushin, eine kurze und intime Komposition, die Ramaks sehr hingebungsvolle Neigung sowie seine

<u>Tomer Devorah – Die Palme von Deborah</u>   Akronym Askese und religiöse Frömmigkeit zeigt. Bestimmte Teile von Ramaks Werken liegen noch in Form von Manuskripten vor, während seine vorhandenen Schriften auf viele andere Kompositionen hindeuten, die er entweder zu schreiben beabsichtigte oder tatsächlich geschrieben hatte - die aber verloren gingen.

Der Überlieferung nach kam Rabbi Itzhak Luria [bekannt unter dem Akronym **A"ri" oder "Ar"i z"l**] genau am Tag der Beerdigung von Mosche Cordovero im Jahr 1570 in Safed an. Als er sich dem Leichenzug anschloss, bemerkte er, dass nur er eine Feuersäule sah, die der Anwesenheit des Ramak folgte. Der Zohar beschreibt diese spirituelle Offenbarung als ein Zeichen für denjenigen, der sie sieht, dass er dazu bestimmt ist, die Nachfolge des Verstorbenen zu übernehmen. Da Luria jedoch angewiesen worden war, seinen auserwählten Schüler in Safed, Haim Vital, zu finden, um ihm seine neuen Lehren zu offenbaren, vermied er es, die kabbalistische Führung anzunehmen, bis sechs Monate später Rabbi Haim Vital an ihn herantrat. Der Ari lebte danach nur noch zwei Jahre, bis 1572, aber in diesen wenigen Monaten revolutionierte er das konzeptionelle System der Kabbala mit seinen neuen Lehren und seinem philosophischen System.

Die beiden Schulen der kordoveranischen und der lurianischen Kabbala bieten zwei alternative Darstellungen und eine Synthese der gesamten Theologie der Kabbala bis dahin, basierend auf ihrer Interpretation des Zohar. Nach der öffentlichen

Tomer Devorah – Die Palme von Deborah   Akronym
Verbreitung des Zohar im Mittelalter wurden verschiedene Versuche unternommen, den verschiedenen Schulen und Interpretationen ein vollständiges intellektuelles System der Theologie zu geben. Beeinflusst durch den früheren rationalen Erfolg der jüdischen Philosophie, insbesondere der Arbeit von Maimonides, bei der Schaffung einer systematischen intellektuellen Artikulation des Judentums, gelang dem Ramak die erste anerkannte Systematisierung der Kabbala, die auf ihrer rationalen Kategorisierung und ihrem Studium beruhte. Spätere Anhänger des Ar"i sahen ihre Lehren als harmonisch mit dem Zohar und dem System des Ramak und als eine tiefere Interpretation desselben an, aber das neue System des AR"I enthüllte völlig neue Lehren sowie neue Beschreibungen der früheren Ideen der Kabbala. Mit der Zeit entwickelte sich die lurianische Kabbala zum vorherrschenden System; die Werke des Ramak werden jedoch nach wie vor hoch geschätzt und ebenfalls intensiv studiert.

Um 1550 gründete der Ramak in Safed [damals im osmanischen Syrien] eine Kabbalah-Akademie, die er etwa zwanzig Jahre lang bis zu seinem Tod leitete. Nach einer jüdischen Legende soll sich ihm der Prophet Elias offenbart haben. Zu seinen Schülern zählten viele der Koryphäen von Safed, darunter Rabbi Eliyahu de Vidas, Autor von **Reshit Chochmah** ["Anfang der Weisheit"], und Rabbi Chaim Vital, der später der offizielle Aufzeichner und Verbreiter der Lehren von Rabbi Itzhak Luria wurde.

Tomer Devorah – Die Palme von Deborah   Akronym

Ramak hinterließ eine Frau, deren Name nicht bekannt ist [es ist bekannt, dass sie die Schwester von Salomon Alkabetz war], und einen Sohn namens Gedalja [1562-1625]. Gedaliah war die treibende Kraft hinter der Veröffentlichung einiger von Ramaks Büchern in Venedig, Italien, um 1584-7. Gedaliah wurde in Jerusalem begraben, wo er nach seiner Rückkehr aus Venedig den größten Teil seines Erwachsenenlebens verbracht hatte.

Tomer Devorah – Die Palme von Deborah   Akronym

Tomer Devorah
Die Palme von Deborah

Moshe Cordovero
Akronym

Kapitel Eins

Dass es angemessen ist, dass der Mensch seinem Schöpfer ähnelt

Es ist angemessen, daß der Mensch seinem Schöpfer gleicht, und dann wird er im Geheimnis der Höchsten Form [konfiguriert] sein, [sowohl] in Bild und Gleichnis. Wenn er zwar in seinem Körper gleich ist, aber nicht in seinen Taten, dann verrät er die Form; und man wird über ihn sagen: "Eine schöne Form, aber häßliche Taten." Denn siehe, das Wesen des Höchsten Bildes und Gleichnisses ist sein Tun. Und was nützt es ihm, wenn er die Struktur seiner Gliedmaßen wie die Höchste Form hat, aber in seinen Handlungen seinem Schöpfer nicht gleicht? Deshalb ist es angebracht, dass er seine Handlungen den Handlungen der Krone Keter [Krone] gleicht, die die dreizehn höchsten Eigenschaften der Barmherzigkeit sind. Und sie werden im Geheimnis der Verse [Micha 7:18-20] angedeutet: "Wer ist eine Macht wie Du; er wird sich wieder über uns erbarmen; Du wirst Wahrheit geben." Wenn das so ist, dann ist es angemessen, dass diese dreizehn Eigenschaften [auch] im Menschen zu finden sind. Und nun werden wir diese dreizehn Handlungen erklären, die geeignet sind, bei ihm zu sein.

Die Erste: Wer ist eine Macht wie Du

Belehrt dass der Heilige, gepriesen sei Er, ein beleidigter König ist, der Beleidigungen duldet, die unvorstellbar sind. Siehe, nichts ist Seiner Aufsicht verborgen, ohne Zweifel, und es gibt keinen Augenblick, in dem ein Mensch nicht von der Höchsten Kraft, die ihn durchströmt, genährt und erhalten wird; und siehe, du findest, dass es nie einen Menschen gab, der gegen G-tt gesündigt hat, ohne dass Er - in diesem Augenblick - den Fluss seiner Existenz und die Bewegung seiner Glieder gewollt hätte. Während dieser Mensch mit dieser Kraft sündigt, hält Er sie ihm keineswegs vor. Vielmehr duldet der Heilige, gepriesen sei Er, eine solche Beleidigung - die Kraft für die Bewegung seiner Glieder in den Menschen fließen zu lassen, und der Mensch benutzt diese Kraft in diesem Moment für Sünde und Ungerechtigkeit und um Ihn zu erzürnen; und der Heilige, gepriesen sei Er, duldet es. Und du sollst nicht sagen, daß Er nicht in der Lage ist, ihm diese Güte vorzuenthalten - G-tt bewahre. Denn siehe, es steht in Seiner Macht, seine Arme und Beine augenblicklich starr zu machen, wie Sein Wort - ähnlich dem, was Er mit **Yerovam** [Kings-A 13:4] tat. Und trotz all dem, dass Er die Macht in Seiner Hand hat, diese fließende Kraft zurückzuziehen, und Er hätte sagen können - da du dich gegen Mich versündigst, versündige dich mit deiner eigenen Kraft, nicht mit der Meinen -, hält Er nicht deswegen

Gutes von einer Person zurück. Stattdessen toleriert Er die Beleidigung, lässt die Kraft fließen [um dies zu tun] und gibt der Person Seine Güte. Siehe, das ist eine Beleidigung und ihre Duldung, die nicht erzählt werden kann. Und dafür nennen die dienenden Engel den Heiligen, gepriesen sei Er, den beleidigten König. Du bist eine Macht, die ein Meister der Güte ist, die Nutzen stiftet, eine Macht, die ein Meister der Kraft ist, Rache zu nehmen und das, was Dir gehört, zurückzuerobern; und bei all dem duldest Du es und wirst beleidigt, bis die Person bereut.

Seht, das ist eine Eigenschaft, die der Mensch üben muss - ich meine Toleranz; und so beleidigt zu werden, sogar in diesem Ausmaß, und trotzdem dem Empfänger seine Güte nicht vorzuenthalten.

Die zweite: Wer trägt die Ungerechtigkeit

Und siehe, diese ist größer als die vorherige. Denn siehe, ein Mensch tut keine Missetat, ohne einen zerstörerischen Geist [mashchit] zu schaffen; wie es gelernt wird [Avot 4:11], "Wer eine einzige Missetat begeht, erwirbt einen einzigen Ankläger." Und siehe da, dieser Ankläger steht vor dem Heiligen, gepriesen sei Er, und sagt: "X hat mich gemacht." Und kein Geschöpf existiert in der Welt, außer aus dem Fluss des Heiligen, gesegnet sei Er - und siehe da, dieser zerstörerische Geist, der vor dem Heiligen, gesegnet sei Er, steht, woraus besteht er? Es wäre logisch, dass der Heilige, gesegnet sei Er, sagen würde: "Ich nähre keine zerstörerischen Geister - er sollte zu dem gehen, der ihn erschaffen hat, und von ihm unterstützt werden." Und der zerstörerische Geist würde sofort hinabsteigen und seine Seele nehmen, ihn aussondern oder ihn entsprechend seiner Strafe bestrafen lassen - bis dieser zerstörerische Geist ausgelöscht ist. Aber der Heilige, gepriesen sei Er, tut dies nicht; vielmehr erträgt und duldet Er die Ungerechtigkeit - und so wie Er die ganze Welt nährt und erhält, so nährt und erhält Er auch diesen zerstörerischen Geist, bis eines von drei Dingen eintritt: Entweder der Sünder bereut und er beendet ihn und macht ihn mit seinen Kasteiungen zunichte; oder der gerechte Richter macht ihn mit Leiden und Tod zunichte; oder [der Sünder] geht nach Geihinom und bezahlt dort seine Schuld. Und das ist [die Bedeutung von] dem, was Kain sagte [1. Mose 4,13]: "Ist meine Schuld zu groß, um sie zu tragen?" Und die Weisen, möge ihr Andenken gesegnet sein, erklärten es [Midrasch Tanchuma, Bereschit 9]: "Du erträgst die ganze Welt" - was bedeutet, sie zu nähren und zu erhalten - "und meine Schuld ist [so] schwer, dass du sie nicht ertragen kannst" - was bedeutet, sie zu erhalten, bis ich Buße tue und sie wiedergutmache [sie]. Wenn das so ist, siehe, dann ist das ein großartiges Merkmal der Toleranz - dass Er ein böses Geschöpf, das der Sünder erschaffen hat, nährt und erhält, bis er bereut.

Der Mensch sollte lernen, wie sehr er tolerant sein muss, um das Joch seines Mitmenschen und dessen Böses, das er ihm angetan hat, in dem Maße zu tragen, dass sein Böses, das er ihm angetan hat, noch besteht - und er toleriert es, bis sein Mitmensch es repariert, oder dass es von selbst zunichte gemacht wird und ihm ähnlich ist.

Die dritte: Und geht über die Übertretung hinweg

Dies ist ein großartiger Charakterzug. Wie Sie sehen, erfolgt die Vergebung nicht durch einen Abgesandten, sondern tatsächlich durch den Heiligen, gepriesen sei Er - wie es geschrieben steht [Psalm 130,4]: "Denn bei Dir ist Vergebung usw." Und was ist diese Vergebung? Dass Er die Übertretungen abwäscht, wie geschrieben steht [Jesaja 4,4]: "Wenn der Herr den Schmutz der Töchter Zions abgewaschen hat, usw." Und so steht auch geschrieben [Hesekiel 36,25]: "Ich will reines Wasser über euch sprengen usw." Und das ist die Bedeutung von "und geht über die Übertretung hinweg" - Er sendet Wasser zum Waschen aus, und Er geht vorbei und wäscht die Übertretung ab.

Und siehe, genau so muß ein Mensch sein, daß er nicht sagt: "Und soll ich das, was x gesündigt oder zerstört hat, wiedergutmachen?" Denn siehe, ein Mensch sündigt, und der Heilige, gepriesen sei Er, bringt das Verdrehte in Ordnung und wäscht den Schmutz seiner Übertretung ab.

Und von hier an wird der Mensch sich schämen, wieder zu sündigen; denn siehe, der König selbst wäscht den Schmutz von seinen Kleidern.

Die vierte - Für den Rest seines Erbes

Siehe, der Heilige, gesegnet sei Er, handelt mit Seinem Volk auf diese Weise, um zu sagen: "Was

Tomer Devorah – Die Palme von Deborah — Eins

kann Ich mit Israel tun, [da] sie Meine Verwandten sind - eine fleischliche Beziehung habe Ich zu ihnen." Sie sind die Ehefrau des Heiligen, gepriesen sei Er, und Er nennt sie "Meine Tochter" und "Meine Schwester", "Meine Mutter" - wie sie, möge ihr Andenken gesegnet sein, erklärten [Schir HaSchirim Rabba 3:11:2]. Und es steht geschrieben [Psalm 148:14], "Israel, sein nahes [kerovo] Volk" - Er hat tatsächliche Nähe [kurvah] zu ihnen, und sie sind seine Kinder. Und das ist der Überrest seines Erbes" - es ist ein Ausdruck der Beziehung [she'er] des Fleisches; und am Ende sind sie sein [buchstäbliches] Erbe. "Und was soll ich sagen? Wenn ich sie strafe, siehe, so geht der Schmerz über mich, wie geschrieben steht [Jesaja 63,9]: 'In all ihrer Not war die Not [tsar] für Ihn.'" Und [zu Ihm [lo]] wird mit einem [Buchstaben,] alef geschrieben, um zu sagen, dass ihr Schmerz das Höchste Wunder erreichte [Wunder, peleh, das aus denselben Buchstaben wie die Schreibweise von alef besteht und Keter darstellt] - und erst recht die beiden Gesichter, durch die der zentrale Lauf [der Welt] ist -, aber es wird mit einem [Buchstaben,] vav geschrieben, [um zu bedeuten, dass] die Bedrängnis zu Ihm ist. Und es steht geschrieben [Richter 10:16], "und seine Seele konnte die Mühsal Israels nicht ertragen" - so wie er ihren Schmerz und ihre Schande nicht erträgt, weil sie "das Sch'erit [seines] Erbes" sind.

So ist es mit dem Menschen und seinem Nächsten: Ganz Israel ist fleischlich verwandt, diese mit jenen. Da alle ihre Seelen miteinander verbunden sind, hat dieser einen Anteil an jenem und jener einen Anteil an jenem. Und daher ist es nicht gleich, wenn die Vielen die Gebote tun [als wenn sie nur von Einzelnen getan werden]. Und all das ist so, weil sie miteinander verbunden sind. Und unsere Rabbiner, möge ihr Andenken gesegnet sein, erklärten so [Berakhot 47b] über denjenigen, der von den ersten zehn in der Synagoge gezählt wird - [dass] selbst wenn hundert nach ihm kommen, er den Lohn erhält, der allen von ihnen entspricht. Es sind tatsächlich hundert, so wie es verstanden wird. Da die zehn eingeschlossen sind - diese in jenen -, siehe, sie sind zehn mal zehn, hundert. Und [so] besteht jeder von ihnen aus hundert [Teilen]. Und wenn dann hundert kommen, so hat er den Lohn von hundert. Aus diesem Grund sind die Israeliten füreinander bürgend. Denn jeder hat einen Teil von seinem Gefährten - wenn der eine sündigt, schadet er sich selbst und er schadet dem Teil, den sein Gefährte an ihm hat. Von der Seite dieses Teils aus betrachtet, ist sein Gefährte sein Bürge. Wenn das so ist, dann sind sie miteinander verwandt, einer mit dem anderen. Und daher ist es angebracht, daß ein Mensch nach dem Wohl seines Gefährten strebt und sein Blick auf das Wohl seines Gefährten gerichtet ist, und daß seine Ehre ihm so lieb ist wie seine eigene - wie er selbst buchstäblich. Und aus diesem Grund wurde uns geboten [Levitikus 19,18]: "Du sollst deinen Nächsten lieben wie dich selbst." Und es ist angemessen, dass er den Anstand seines Mitmenschen begehrt und gar nicht über seine Schande spricht. Und er soll sie nicht wollen, so wie der Heilige, gepriesen sei Er, weder unsere Schande noch unseren Schmerz will - aus Gründen der Beziehung. So soll er auch die Schande seines

Nächsten nicht wollen, noch seinen Schmerz, noch sein Verderben. Und es [sollte] für ihn schlecht sein wegen [seines Mitmenschen], als ob er tatsächlich diesen Schmerz erfährt, oder [gut für ihn von] dem Guten [das er erfährt].

Die fünfte - Er hält seinen Zorn nicht ewig aufrecht

Das ist ein anderes Merkmal: Selbst wenn ein Mensch an seiner Sünde festhält, hält der Heilige, gepriesen sei Er, nicht an seinem Zorn fest. Und wenn Er an ihr festhält, dann nicht für immer. Vielmehr hebt Er Seinen Zorn auf, auch wenn die Person nicht bereut. Wie wir in den Tagen Jerowams, des Sohnes von Joasch, festgestellt haben, dass der Heilige, gepriesen sei Er, die Grenze Israels [von der Besatzung] zurückbrachte und sie [noch] Kälber anbeteten - Er hatte Erbarmen mit ihnen, aber sie taten nicht Buße. Wenn das so ist, warum hat Er sich dann erbarmt? Um dieses Wesenszuges willen, dass Er nicht ewig an seinem Zorn festhält. Ganz im Gegenteil, sein Zorn lässt nach - selbst wenn die Sünde noch besteht, straft er nicht, sondern er erwartet und hat Erbarmen, dass sie bereuen mögen. Und das ist die Bedeutung von "Er wird nicht ewig streiten und nicht für alle Zeiten zürnen" [Psalm 103,9]. Vielmehr handelt der Heilige, gepriesen sei Er, mit Sanftheit und Härte, alles zum Wohle Israels.

Und dies ist ein Charakterzug, den ein Mensch gegenüber seinen Mitmenschen praktizieren sollte. Selbst wenn es ihm erlaubt ist, seinen Mitmenschen oder seine Söhne zurechtzuweisen und sie es akzeptieren, sollte er deswegen seine Zurechtweisung nicht verstärken. Und er [soll] nicht an seinem Zorn festhalten - selbst wenn er zornig geworden ist -, sondern ihn vielmehr zunichte machen. Und er [soll] nicht ewig an seinem Zorn festhalten, auch wenn es ein [Zorn] ist, der einem Menschen erlaubt ist, ähnlich dem, was sie erklärt haben: "Wenn du den Esel deines Gefährten siehst, usw." [Exodus 23,5]; und sie erklärten [Pesachim 113b], was dieser Zorn ist - dass er ihn eine Sünde begehen sah, aber [der Sehende] ist [allein, so dass] er nicht bezeugen kann; und [so] hasst er ihn wegen der Sache der Sünde. Und trotzdem heißt es in der Tora: "Du sollst mit ihm loslassen" - lass das, was in deinem Herzen ist; es ist vielmehr ein Gebot, ihm mit Liebe nahe zu kommen. [Denn] vielleicht ist es vorteilhaft, auf diese Weise [zu handeln]. Und genau das ist der Charakterzug von "Er hält nicht ewig an seinem Zorn fest".

Die sechste: Denn er ist derjenige, der Güte begehrt

Haben wir nicht schon an dieser Stelle erklärt, dass es in der bekannten Kammer Engel gibt, die dazu bestimmt sind, die Güte zu empfangen, die ein Mensch in dieser Welt erweist? Und wenn der Zug der Gerechtigkeit gegen Israel klagt, zeigen diese Engel sofort diese Güte, und der Heilige, gepriesen sei Er, erbarmt sich Israels, da Er Güte wünscht. Und selbst wenn sie haftbar sind, wenn sie Güte erweisen - dieser zu jenem - hat Er Erbarmen mit ihnen. Und es ist, wie es zur Zeit der Zerstörung [des Tempels]

Tomer Devorah – Die Palme von Deborah — Eins

war: Dass zu Gavriel gesagt wurde [Hesekiel 10,2]: "Geh in das Räderwerk hinein usw." - denn er ist der Diener des Gerichts und der Macht; und er gab ihm die Vollmacht, die Macht des Gerichts zu empfangen, innerhalb des Räderwerks, unter den Cherubim, aus dem Feuer des Altars. Dies ist das Gericht der Macht des Königtums [malkhut]. Und das Gericht wurde verschärft, bis es alles zu beenden suchte - um den Samen Israels zu entwurzeln, da er dem Untergang geweiht war. Und es steht geschrieben [Hesekiel 10,8]: "Und neben den Cherubim erschien die Gestalt einer Menschenhand unter ihren Flügeln." Und das bedeutet, dass der Heilige, gepriesen sei Er, zu Gavriel sagte: "Sie erweisen Taten der Güte - diese mit jenen - und selbst wenn sie haftbar sind, werden sie gerettet, und es wird ein Rest von ihnen übrig bleiben." Und der Grund dafür liegt in dieser Eigenschaft - da Er Einer ist, der Güte will, will Er, dass Israel Güte tut. Und Er erinnert sich an diese Seite für sie, auch wenn sie von einer anderen Seite nicht passend sind.

Wenn das so ist, dann ist es für einen Menschen angemessen, diesen Ansatz zu praktizieren. Wenn er einen Menschen sieht, der ihm Böses antut und ihn ärgert - wenn er eine gute Seite hat, dass er anderen Gutes tut oder eine gute Eigenschaft hat, die er angemessen ausübt, dann sollte diese Seite für ihn ausreichen, um seinen Zorn von ihm abzuwenden. Und sein Herz sollte über ihn besänftigt sein, und er sollte sich nach Güte sehnen und sagen: "Es genügt mir diese Güte, die er hat." Und das gilt erst recht für seine Frau, wie unsere Rabbiner erklärten [Yevamot

63a]: "Es ist genug, dass sie unsere Kinder aufzieht und uns vor Sünde bewahrt." So sollte er über jeden Menschen sagen: "Es genügt mir, dass er x Gutes für mich getan hat", oder "dass er y getan hat", oder "[mit der] guten Eigenschaft z, die er hat." Er wird [daher] nach Güte streben.

Die siebte: Er wird sich wieder über uns erbarmen

Siehe, der Heilige, gepriesen sei Er, folgt nicht dem Charakterzug von Fleisch und Blut. [Wenn er von jemandem verärgert wird, dann ist er ein wenig besänftigt, aber nicht so, wie er ihn früher geliebt hat. Wenn aber jemand gesündigt hat und es bereut, dann ist sein Ansehen bei dem Heiligen, gepriesen sei Er, größer [als zuvor]. Und dies ist [die Bedeutung von] "An dem Ort, an dem die Reumütigen stehen, können [auch] die völlig Gerechten nicht stehen" [Berakhot 34b]. Und der Grund dafür ist, wie sie im Kapitel [mit dem Titel] HaBoneh [es steht in Menachot 29b in unseren Texten] erklärt haben, warum [der Brief,] He [הא] wie ein Säulengang gemacht ist: "So, dass derjenige, der aus seiner Welt hinausgehen will, hinausgehen [kann]." Die Erklärung ist, dass die Welt mit einem "He [הא]" erschaffen wurde. Und der Heilige, gepriesen sei Er, schuf die Welt weit offen für die Seite des Bösen und der Sünde. Es gibt keine Seite, die nicht eine Körperlichkeit, einen bösen Trieb und einen Defekt hat - wie eine Art Säulengang. Sie hat keine Zäune, sondern eine große Bresche, die zur Seite des Bösen hin offen ist, zur unteren Seite. Wie viele Öffnungen gibt es für jeden, der aus seiner Welt

Tomer Devorah – Die Palme von Deborah

hinaus will - er kann sich nicht nach einer Seite wenden, auf der er nicht eine Seite der Sünde und der Ungerechtigkeit findet, um zu den äußeren Kräften [chitsonim] hinauszugehen! Aber sie ist [auch] von oben her offen; so dass, wenn er bereut, er angenommen wird. Und sie fragten: "Lasst ihn durch [den Boden] zurückgebracht werden!" [Sie antworteten: "Die Sache wird nicht helfen." Damit meinten sie, dass derjenige, der bereut, nicht ausreicht, um von der Ungerechtigkeit umzäunt zu werden wie die Gerechten, die nicht gesündigt haben - für sie reicht ein kleiner Zaun. Für den Sünder, der gesündigt hat und Buße tut, reicht ein kleiner Zaun jedoch nicht aus. Vielmehr muss er sich mit mehreren schwierigen Zäunen umzäunen, da er den kleinen Zaun schon einmal durchbrochen hat. Wenn er sich dort nähert, lässt er sich leicht von seinem Trieb verführen. Vielmehr muss er sich mit einem sehr großen Abstand distanzieren. Und aus diesem [Grund] tritt er nicht durch die Öffnung der Säulenhalle ein, wo sich die Bresche befindet. Vielmehr steigt er hinauf und tritt durch die kleine Öffnung ein, [so dass] er sich mehrere Schwierigkeiten und Kasteiungen macht und [dadurch] die Brüche schließt.

Und aus diesem Grund: "An dem Ort, an dem die Büßer stehen, usw." - denn sie gehen nicht durch die Öffnung der Gerechten ein, damit sie bei den Gerechten sind. Vielmehr stapfen und klettern sie durch die höhere Öffnung und kasteien sich und werden viel mehr von der Sünde getrennt als die Gerechten. Daher kletterten und standen sie auf der

Ebene des Heus [dessen numerische Entsprechung fünf ist] - der fünften Kammer im Garten Eden, die das Dach des Heus ist -, während die Gerechten an der Öffnung des Heus, am Eingang der Säulenhalle sind. Und dementsprechend, wenn eine Person Reue [teshuvah] erfährt - was bedeutet, dass das hey [ה] an seinen Platz zurückkehrt [teshuv hey ה] - und der Heilige, gesegnet sei Er, Seine Gegenwart auf ihn zurückbringt, kommt Er nicht nur [mit einer Liebe] wie die erste Liebe zurück, sondern viel mehr. Und das ist [die Bedeutung von] "Er wird sich wieder über uns erbarmen" - dass Er Seiner Barmherzigkeit gegenüber Israel mehr hinzufügen und sie mehr verfeinern und ihnen näher bringen wird.

Und so muss sich der Mensch gegenüber seinem Nächsten verhalten. Er soll die Feindschaft aus dem früheren Zorn nicht missgönnen. Vielmehr sollte er, wenn er sieht, dass sein Mitmensch seine Liebe sucht, ein Maß an Barmherzigkeit und Liebe haben, das viel mehr ist als zuvor. Und er sollte sagen: "Siehe, für mich ist er wie ein Büßer, dass der vollkommen Gerechte nicht neben ihm stehen kann." Und er [sollte] ihn am nächsten bringen - näher, als er die ganz Gerechten zu ihm bringt, die nicht gegen ihn gesündigt haben.

Die achte: Er unterdrückt unsere Sünden

Siehe, der Heilige, gesegnet sei Er, handelt mit Israel mit dieser Eigenschaft, und das ist das Geheimnis der Unterdrückung von Missetaten. Was das Gebot betrifft, so ist es, wie wenn es blüht, seine Knospe aufgeht", und es durchdringt und klettert bis zum Ende, um vor Ihn, gepriesen sei Er, zu treten. Aber die Ungerechtigkeiten haben dort keinen Durchgang, G-tt bewahre. Vielmehr unterdrückt Er sie, so dass sie nicht eindringen können - wie es geschrieben steht [Psalmen 5,5]: "Das Böse wohnt nicht bei Dir [yegurcha]"; das Böse soll nicht in Deiner Wohnung [megurcha] wohnen. Wenn das so ist, kommt die Ungerechtigkeit nicht hinein. Und aus diesem Grund: "Es gibt keine Belohnung für ein Gebot in dieser Welt" [Kidduschin 39a] - da [die Gebote] vor Ihm sind, möge Er gesegnet sein. Und wie kann Er ihm von dem, was vor Ihm ist - eine geistige Belohnung - in der Welt, die physisch ist, geben? Und siehe, die ganze Welt ist nicht ein einziges Gebot und die Genugtuung [daraus] vor Ihm wert. Und aus diesem Grund nimmt Er die Bestechung durch Gebote nicht an. Die Metapher dafür ist, dass der Heilige, gepriesen sei Er, nicht sagt: "Er hat vierzig Gebote getan und zehn gesündigt; es bleiben dreißig und die [anderen] zehn gehen mit den zehn weg" - G-tt bewahre! Vielmehr, selbst wenn er ein vollkommen Gerechter war und eine einzige Sünde begangen hat, ist es vor Ihm so, als hätte er die gesamte Thora verbrannt, bis er seine Schuld beglichen hat. Und danach kann er die Belohnung für alle seine Gebote erhalten. Und dies ist eine große Güte, die der Heilige, gepriesen sei Er, mit den Gerechten tut - dass Er [den Lohn] nicht verringert, denn die Gebote sind sehr wichtig und steigen an, bis sie vor Ihm, gepriesen sei Er, stehen. Und wie könnte Er von ihnen wegen der Sünden abnehmen - denn die Rückzahlung der Sünden ist vom Anteil des Geihinom, von dem, was

Tomer Devorah – Die Palme von Deborah

verschmäht wird; der Lohn der Gebote aber ist vom Geehrten, dem Glanz der g-ttlichen Gegenwart. Wie könnten diese [wegen] jener vermindert werden? Vielmehr sammelt der Heilige, gepriesen sei Er, die Schuld der Sünden ein und zahlt den Lohn aller Gebote. Und das ist die Bedeutung von "Er unterdrückt unsere Missetaten" - dass die Missetaten nicht vor Ihm zunehmen, wie die Gebote. Vielmehr unterdrückt Er sie, damit sie nicht aufsteigen und nicht eindringen - so wie Er über die Wege eines Menschen wacht, über gute und schlechte. Und doch unterdrückt Er das Gute nicht, sondern es blüht und steigt auf, bis es sehr groß wird. So wird ein Gebot mit einem anderen Gebot zusammengefügt, und es wird ein großes Gebäude errichtet und ein schöner Anzug gebildet. Aber die Ungerechtigkeiten haben diese besondere Eigenschaft nicht, sondern Er unterdrückt sie vielmehr, damit sie diesen Erfolg nicht haben und [nicht] nach innen [vor Ihn] treten.

Auch der Mensch muss sich in dieser Eigenschaft üben - er darf das Gute seines Mitmenschen nicht unterdrücken und sich an das Böse erinnern, das er ihm angetan hat. Im Gegenteil, er soll das Böse unterdrücken, es vergessen und vernachlässigen, und "das Böse soll nicht in seinem Haus wohnen". Und das Gute [sollte] immer vor ihm angeordnet sein, und er [sollte] sich an das Gute [des anderen] erinnern. Und er [soll] es verstärken über all den Taten, die er ihm angetan hat. Und er soll nicht in seinem Herzen reduzieren und sagen: "Wenn er mir Gutes getan hat, dann hat er mir auch Böses getan", und das Gute vergessen. Das soll er nicht tun. Vielmehr soll er auf irgendeine Weise besänftigt werden. Und er soll niemals das Gute vernachlässigen, das zwischen seinen Augen ist, und sein Auge vom Bösen abwenden, soweit er kann, so wie der Heilige, gepriesen sei Er, seine Missetaten unterdrückt, wie ich es erklärt habe.

Die neunte: Und Du wirst alle ihre Sünden in die Tiefen des Meeres werfen

Dies ist ein guter Charakterzug des Heiligen, gepriesen sei Er. Und siehe, Israel sündigte, und Er gab sie in die Hand des Pharao, und sie taten Buße. Warum sollte er Pharao bestrafen? Und ebenso Sancheriv; und ebenso Haman und die, die ihnen ähnlich waren. Der Heilige, gepriesen sei Er, ist nicht nur beruhigt, wenn er sagt: "Sie haben bereut. Wenn das so ist, dann sollen sie kein Übel mehr haben. Wenn ja, dann soll Haman sich von ihnen zurückziehen", oder Pharao oder Sancheriv. Das reicht nicht aus. Vielmehr setzt er die Strafe Hamans wieder auf sein Haupt; ebenso Pharao; ebenso Sancheriv. Und der Grund für diese Praxis ist das Geheimnis: "Und der Bock trägt auf sich alle ihre Missetaten in ein verwüstetes Land" [Levitikus 16,22]. Und die Erklärung ist, dass er die tatsächlichen Sünden trägt. Aber das ist sehr schwierig: Soll Israel sündigen, und der Bock trägt [es]? Vielmehr ist [diese] Eigenschaft wie folgt: Ein Mensch bekennt [Sünden], und seine Absicht bei dem Bekenntnis ist, die Reinigung auf sich zu nehmen; wie die Sache, von der David sagte [Psalmen 51,4]: "Wasche mich gründlich von meiner Schuld." Wenn

Tomer Devorah – Die Palme von Deborah

wir also sagen: "Reinige mich in Deiner großen Barmherzigkeit", dann betet man nur, dass die Bedrängnisse leicht sind, damit sie das Torastudium nicht behindern; und das ist auch die Absicht dessen, was wir sagen: "Aber nicht durch schlimme [harte] Bedrängnisse." Wenn er also sagt: "Und Du bist gerecht über alles, was mir widerfährt", dann will er die Trübsale wahrhaftig mit einer angenehmen Miene annehmen, um zu sühnen; denn es gibt Missetaten, die [nur] durch Trübsal oder [nur] durch den Tod gereinigt werden. Und das ist der Charakterzug: Sobald dieser in seinem Gebet bekennt - sie haben im Zohar in Parschat Pekudei [S. 262b] erklärt, dass dies der Anteil von Samael ist, ähnlich wie bei der Ziege. Was ist sein Anteil, den der Heilige, gepriesen sei Er, für ihn bestimmt hat? Trübsal. Und Samael kommt sofort dorthin, geht hin und treibt seine Schuld ein. Und siehe, [das ist] der Bock, der die Schuld trägt - dass der Heilige, gepriesen sei Er, ihm die Vollmacht gibt, seine Schuld einzutreiben, und Israel ist [dadurch] gereinigt. Aber siehe, alles fällt auf Samael zurück. Und der Grund dafür ist, dass der Heilige, gesegnet sei Er, Seiner Welt verordnet hat, dass jeder, der dies tut, zunichte gemacht wird. Und das ist der Grund für "und du sollst das Tier töten" [Levitikus 20:15]. Und ebenso muss der Stein des Gebots der Gesteinigten und das Schwert des Gebots der Getöteten begraben werden [Sanhedrin 45b], um ihre Existenz und Macht nach dem Urteil aufzuheben.

Und siehe da, hierin liegt tatsächlich das Geheimnis des Bildes von Nevuchadnetsar: Israel wurde in die Hand des Königs von Babylonien gegeben, "das

Haupt aus Gold" [Daniel 2,32]. Dieses Haupt wurde gedemütigt und der Hand Persiens übergeben, die "Brust und Arme aus Silber" sind. Und ebenso wurden diese für jene abgestoßen, bis Israel zu "ihren Füßen herabstieg, von denen einige aus Eisen und einige aus Ton waren" [Daniel 2,33]. Und was ist das gute Ende? Am Ende richtet der Heilige, gepriesen sei Er, sie auf und vollstreckt das Gericht über sie, wie es geschrieben steht [Deuteronomium 32:23]: "Ich will meine Pfeile über ihnen vollenden" - meine Pfeile enden, aber Israel endet nicht [Sotah 9a]. "Auf einmal wurden sie [Bronze, Silber, Gold usw.] zermalmt" [Daniel 2,35]. Am Anfang, so steht es geschrieben [Daniel 2:34], "und schlug das Bild an seinen Füßen" - außer den Füßen gibt es nichts mehr von dem Bild, denn die Kraft des Kopfes, der Arme und des Bauches war bereits zunichte gemacht worden. Und dennoch wurde es am Ende [ganz] zerschmettert, als eins. In der Zukunft wird der Heilige, gepriesen sei Er, Samael und die Übeltäter, die seine Taten und Handlungen ausführen, aufrichten und das Urteil über sie vollstrecken. Und das ist die Bedeutung von "und Du wirst all ihre Sünden in die Tiefen des Meeres schleudern" - es will sagen, Er wird die Macht des Gerichts schleudern, um es auf die Hände dieser zu stürzen, die "die Tiefen des Meeres" sind. [Wie es heißt [Jesaja 57,20]: "Die Gottlosen aber sind wie das aufgewühlte Meer, das nicht ruhen kann, dessen Wasser Schlamm und Morast aufwirbeln" - das sind diejenigen, die das Gericht über Israel verhängen, dessen ganze Bezahlung auf ihr Haupt zurückfällt. Und der Grund dafür ist, dass der Heilige, gepriesen sei Er, nachdem

Tomer Devorah – Die Palme von Deborah — Eins

Israel sein Urteil erhalten hat, sogar das bereut, was vorausgegangen ist, und Er rächt ihre Beleidigung. Und es ist nicht genug [dass sie das Urteil über Israel vollstreckt haben], sondern vielmehr: "Ich war ein wenig böse, aber sie halfen für das Böse" [Sacharja 1:15].

Auch diesen Charakterzug muss ein Mensch gegenüber seinen Mitmenschen praktizieren. Selbst wenn er ein Übeltäter ist, der von Trübsal geplagt wird, soll er ihn nicht hassen - denn wenn er einmal entwürdigt ist, siehe, dann ist er wie dein Bruder [Makkot 23a]. Und er soll sich den Geknechteten und Bestraften nähern und sich über sie erbarmen. Und ganz im Gegenteil, er soll sie aus der Hand des Feindes retten und nicht sagen: "Es ist seine Schuld, die ihm das angetan hat." Vielmehr soll er sich mit diesem Merkmal über ihn erbarmen, wie ich es erklärt habe.

Die zehnte: "Du sollst Yaakov die Wahrheit geben"
Dieser Charakterzug bedeutet, dass Israel eine Tugend hat. Jene Durchschnittsmenschen, die nicht wissen, wie man über den [Buchstaben] des Gesetzes hinaus handelt - und sie werden Yaakov genannt, da sie nur mit wahrem Verhalten handeln; und auch der Heilige, gepriesen sei Er, hat eine Eigenschaft der Wahrheit, die aus dem Blickwinkel der Existenz eines geraden Urteils ist. Und mit denen, die in der Welt mit Geradlinigkeit handeln, handelt der Heilige, gepriesen sei Er, mit Wahrheit. Er hat Erbarmen mit ihnen aus dem Blickwinkel der Geradlinigkeit und des Urteils.

Der Mensch muss sich auch gegenüber seinem Mitmenschen aus dem Blickwinkel der Geradlinigkeit und der Wahrheit verhalten, ohne das Urteil seines Mitmenschen zu verzerren - um sich seiner in Wahrheit zu erbarmen; so wie G-tt, gepriesen sei Er, sich der durchschnittlichen Geschöpfe mit der Eigenschaft der Wahrheit erbarmt, um sie zu läutern.

Die elfte: Die Güte zu Avraham

Das sind diejenigen, die in der Welt über den [Buchstaben] des Gesetzes hinaus handeln, wie Avraham, unser Vater; auch der Heilige, gepriesen sei Er, handelt mit ihnen über den [Buchstaben] des Gesetzes hinaus. Er nimmt das Gesetz [das Urteil] nicht in seiner [vollen] Kraft, auch nicht auf dem Weg der Geradheit. Vielmehr [sucht Er] mit ihnen über die Geradlinigkeit hinauszugehen, [so] wie sie handeln. Und das ist [die Bedeutung von] " Güte zu Avraham" - der Heilige, gepriesen sei Er, praktiziert die Eigenschaft der Güte mit denen, die wie Avraham in ihrem Verhalten sind.

Auch wenn ein Mensch mit Rechtschaffenheit, Geradlinigkeit und Gerechtigkeit gegenüber jedem Menschen handelt - sein Verhalten gegenüber den Besten und Frommen [sollte] über den [Buchstaben] des Gesetzes hinausgehen. Und wenn er ein wenig geduldig mit anderen Menschen war - gegenüber diesen [sollte er] viel mehr [geduldig] sein und Barmherzigkeit mit ihnen haben; mit ihnen über den

[Buchstaben] des Gesetzes hinausgehen, das er mit allen anderen Menschen befolgt. Und diese müssen sehr, sehr wichtig vor ihm sein und ihm lieb sein. Und sie [sollten] aus dem Volk seines Gefolges sein.

Die zwölfte: Was Du unseren Vätern geschworen hast

Es gibt Menschen, die nicht anständig sind, und der Heilige, gesegnet sei Er, hat Erbarmen mit allen von ihnen. Und in der Gemara [Berakhot 7a] wird erklärt: "Und ich will Gnade geben dem, dem ich Gnade gebe" [Exodus 33:19] - "Der Heilige, gesegnet sei Er, sagte: 'Dieses Lagerhaus ist für die, die nicht angemessen sind.'" Es gibt ein Lagerhaus für diejenigen, denen der Heilige, gesegnet sei Er, Gnade gewährt und sie beschenkt. Wie der Heilige, gepriesen sei Er, sagte: "Siehe, sie haben das Verdienst der Väter - Ich habe den Vätern geschworen. Deshalb werden sie, auch wenn sie nicht angemessen sind, das Verdienst haben, weil sie aus dem Samen der Väter sind, denen ich geschworen habe. Daher werde ich sie führen und leiten, bis sie geläutert sind."

Und so sollte sich ein Mensch verhalten, wenn er Übeltätern begegnet: Er soll ihnen gegenüber nicht grausam sein oder sie verfluchen und dergleichen. Vielmehr sollte er sich ihrer erbarmen und sagen: "Schließlich sind sie die Kinder von Avraham, Jitschak und Jaakow. Wenn sie nicht tauglich sind, so waren ihre Väter tauglich und ordentlich. Und wer die Kinder schändet, schändet die Väter. [Deshalb will ich nicht, dass sie durch mich entehrt werden." Und er deckt ihre Beleidigung und läutert sie nach seinem Vermögen.

Der dreizehnte: Aus alten Zeiten

Siehe, das ist die Eigenschaft, die der Heilige, gepriesen sei Er, mit Israel hat, wenn ihr Verdienst und Ähnliches zu Ende ist. Was wird Er tun - siehe, sie sind nicht anständig in ihrem eigenen Recht? Es steht geschrieben [Jeremia 2,2]: "Ich gedachte für dich an die Güte deiner Jugend, an deine Liebe wie an eine Braut" - der Heilige, gepriesen sei Er, gedenkt tatsächlich der Tage der Früheren, der Liebe, die Er von früher hatte, und erbarmt sich über Israel. Und dadurch erinnert Er sich für sie an all die Gebote, die sie von dem Tag an taten, an dem sie geboren wurden, und an all die guten Eigenschaften, mit denen der Heilige, gepriesen sei Er, Seine Welt leitet. Und aus ihnen allen bringt Er eine besondere Eigenschaft hervor, um sich ihrer zu erbarmen. Und siehe, diese Eigenschaft schließt alle Eigenschaften vollständig ein, wie sie in der Idra [Zohar, Nasso, S. 134b] erklärt werden.

So [sollte] ein Mensch sein Verhalten gegenüber den Menschen verfeinern, so dass er, selbst wenn er kein Argument von denen findet, die [in den anderen Merkmalen] erwähnt werden, sagen sollte: "Es gab schon Zeiten, in denen sie nicht gesündigt haben. Und siehe, zu jener Zeit oder in jenen früheren Tagen waren sie tüchtig." Und er soll sich für sie an das Gute erinnern, das sie in ihrer Kindheit getan haben, und er

Tomer Devorah – Die Palme von Deborah — Eins

soll sich für sie an die Liebe derer erinnern, die von der Milch entwöhnt und von den Brüsten genommen wurden. Und dadurch wird es keinen Menschen geben, der nicht fähig wäre, ihm zu helfen, für sein Wohlergehen zu beten und sich seiner zu erbarmen.

Damit sind wir bei den dreizehn Merkmalen angelangt, durch die der Mensch seinem Schöpfer ähneln soll, die die höchsten Merkmale der Barmherzigkeit sind. Und ihre besondere Eigenschaft besteht darin, dass, so wie der Mensch unten handelt, er es verdient, sich die höchste Eigenschaft oben zu erschließen - genau so, wie er handelt, so wird es einen Fluss von oben geben. Und er wird diesen Charakterzug in der Welt zum Leuchten bringen. Und so sollte er diese dreizehn Eigenschaften nicht aus den Augen [seines] Geistes entweichen lassen. Und er [sollte] den Vers nicht von seinem Mund fernhalten, so dass er eine Erinnerung sein wird - wenn eine Situation auf ihn zukommt, in der er eine der Eigenschaften benutzen muss, wird er sich erinnern und sagen: "Siehe, diese Sache hängt von Eigenschaft x ab; ich will nicht davon abweichen, damit diese Eigenschaft nicht verschwindet und sich aus der Welt zurückzieht."

Tomer Devorah
Die Palme von Deborah

Moshe Cordovero
Akronym

Kapitel Zwei

Einige wichtige Aktivitäten, die die wichtigste Richtschnur darstellen:

Damit ein Mensch seinem Schöpfer in Bezug auf das Geheimnis der Eigenschaft der Krone [Keter] ähnelt, muss er einige wichtige Tätigkeiten ausüben, die die Grundregel darstellen.

Die erste:
Die Eigenschaft der Demut, die alles einschließt - weil sie von der Krone abhängig ist. Wie du siehst, ist sie eine Eigenschaft, die über allen Eigenschaften steht, aber sie erhebt sich nicht und wird nicht stolz über [die anderen]. In der Tat, sie geht nach unten und schaut immer nach unten. Und das aus zwei Gründen: Der eine ist, dass es sich schämt, auf seine Ursache zu schauen, vielmehr schaut sein Emanator immer auf ihn herab, um ihm zu nützen; und er schaut auf die Niederen herab. So muss es dem Menschen peinlich sein, nach oben zu schauen, um stolz zu sein. Vielmehr muss er immer nach unten blicken, um sich selbst so weit wie möglich herabzusetzen. Und siehe, dieser Charakterzug hängt im Allgemeinen vom Kopf des Menschen ab. Denn ein Mann zeigt seinen Stolz

nur, indem er seinen Kopf nach oben hebt, während der Arme seinen Kopf nach unten senkt. Und siehe, es gibt niemanden, der so tolerant und demütig ist wie unser G-tt mit der Eigenschaft der Krone, so dass er der Inbegriff der Barmherzigkeit ist. Und es gibt keinen Fehler, keine Ungerechtigkeit, kein Urteil und keine andere Eigenschaft, die sich vor Ihm auftut und Ihn daran hindert, ständig Gutes zu sehen, zu verteilen und zu spenden. So muss ein Mensch sein, dass keine Ursache in der Welt ihn daran hindert, Gutes zu spenden, und dass keine Ungerechtigkeit und kein Fehlverhalten von Menschen vor ihm auftritt, um ihn daran zu hindern, denen, die seiner Hilfe bedürfen, zu jeder Zeit und in jedem Augenblick Gutes zu spenden. Und wie Er sitzt und nährt "von den Hörnern der Antilopen bis zu den Eiern der Läuse" und kein Geschöpf entehrt - denn wenn Er die Geschöpfe wegen ihrer Kleinheit entehren würde, würden sie nicht einmal für einen Augenblick in der Welt existieren -, sondern sie alle überwacht und ihnen Seine Barmherzigkeit schenkt, so muss ein Mensch sein, um allen Gutes zu gewähren und kein Geschöpf vor ihm entehren zu lassen. Vielmehr sollte selbst das armseligste der armseligen Geschöpfe in seinen Augen sehr wichtig sein, und er sollte seinen Verstand darauf richten und allen, die seiner Hilfe bedürfen, Gutes erweisen. Und dieser Charakterzug ist abhängig von der Krone, im Geheimnis des Hauptes als Ganzes.

Die zweite:
Dass sein Denken dem Denken der Krone gleicht. [So wie die Weisheit [Chochmah] nie aufhört, gute

Gedanken zu denken, und das Böse sich nicht einmischt - denn sie ist vollkommene Barmherzigkeit, und es gibt dort kein Urteil, noch irgendeine Härte -, so [sollte] das Denken eines Menschen immer frei von allem Hässlichen sein. Und so wie es das Geheimnis der Weisheit der ursprünglichen Thora ist und das Geheimnis der Thora niemals fehlt, so darf er sich nicht zu irgendeiner Ablenkung vom Gedanken an die Thora hinreißen lassen und über die Größe G-ttes und Seine guten Taten nachdenken, die Gutes schenken, und Ähnliches.

Das Prinzip der Sache ist, dass keine fremden oder müßigen Dinge in seine Gedanken eindringen sollen. Und dies war die Tugend von Rabbi Schimon [bar Jochai] und seinen Kollegen - und siehe im Zohar in Parschat Wajachel, wie sehr Rabbi Schimon Rabbi Jose züchtigte, wenn er seine Gedanken ein wenig ablenkte.

Der dritte:
Dass es überhaupt keine Härte auf seiner Stirn gibt, sondern dass sie vielmehr der Stirn des Willens gleicht, der alles will. Selbst wenn er Leute findet, die ihn ärgern, soll er sie besänftigen und sie mit seinem guten Willen beruhigen. So ist auch der Wille der Stirn - immer willig, die Strenge [gevurot] besänftigend und sie läuternd. So [sollte er] die Mächtigen [geeborim] besänftigen, die ihren Zorn verstärken; und er [sollte] sie mit gutem Willen leiten und sie mit großer Weisheit verschlingen, um den Zorn zu besänftigen - damit er nicht die Grenze

überschreitet und zerstörerisch wird, G-tt bewahre. Und er [sollte] das Modell des Höheren Willens benutzen, der aus der wundersamen Weisheit der Stirn des Alten [Aatika] geschöpft wird und von dort aus alles besänftigt.

Und er [sollte] sich [darauf] stützen, um den Geschöpfen gegenüber immer angenehm zu sein; denn wenn seine Züge den Menschen gegenüber von einem [bestimmten] Standpunkt aus hart sind, werden sie von ihm nicht besänftigt werden. Und dies ist die Erklärung der Mischna [Avot 3:10]: "An wem der Geist der Geschöpfe Gefallen findet, an dem findet der Geist des Allmächtigen Gefallen."

Der vierte:
Dass seine Ohren immer geneigt sind, das Gute zu hören. Wahrlich, ein nutzloser oder schändlicher Bericht [sollte] überhaupt nicht in sie eindringen. So wie kein Gebrüll des Urteils und kein Fehler der bösen Rede in das Höchste Hören eindringt, so [sollte] er nur auf Gutes und Wohltuendes hören. Und er [sollte] überhaupt nicht auf die anderen Dinge hören, die den Ärger verstärken.

Und [genauso] wie die Schlange, ihre Rede und ihr Ausdruck nicht nach oben kommt, so [darf] auch nichts Schändliches zu ihm kommen. Und das ist [die Bedeutung von: "Du sollst keinen falschen Bericht erheben" [Exodus 23:1] - umso mehr [sollten] die anderen schändlichen Dinge überhaupt nicht an sein Ohr dringen. Und es [soll] nur Gutes hören.

Der fünfte:
Seine Augen sollen nicht auf irgendetwas Schändliches blicken. Ja, sie sollen immer offen sein, um alle Verzagten zu betrachten und sich ihrer zu erbarmen, je nach seinen Fähigkeiten. Und wenn er die Not eines Armen sieht, soll er seine Augen nicht verschließen. Vielmehr soll er nach seinem Vermögen über ihn nachdenken und vor den Himmeln und vor den Geschöpfen Mitleid mit ihm erwecken. Und er [soll] sich von jeder Beobachtung des Bösen fernhalten, so wie das Höchste Auge offen ist und unmittelbar auf das Gute blickt.

Der sechste:
Dass es niemals brennende Wut [wörtlich: Wut der Nase] aus seinem Nasenloch geben [sollte]. Vielmehr, dass immer Leben, guter Wille und Geduld [wörtlich: Dauer der Nase] in seiner Nase ist. Und er [sollte] immer den Willen [anderer] erfüllen wollen, jede Bitte erfüllen und jeden Bedrängten unterstützen; und immer Vergebung der Missetat und [Aufhören] [Übergehen] der Übertretung aus seinem [Atem] ziehen. Und er soll nicht zornig werden über den, der sich gegen ihn versündigt, sondern immer beschwichtigen und nach Güte streben, um für alle einen angenehmen Geist zu schaffen.

Der siebte:
Sein Gesicht sollte immer leuchten, und er sollte jeden Menschen mit einem angenehmen Antlitz empfangen. So heißt es über die Höchste Krone: "Im Licht des Antlitzes des Königs ist Leben" [Sprüche 16:15], und keine Rötung [Härte] oder Verurteilung

dringt dorthin. So soll auch das Licht seines Antlitzes nicht verändert werden; wer ihn anschaut, wird nur Freude und ein angenehmes Antlitz finden. Und keine Ursache soll ihn davon abhalten.

Der achte:
Sein Mund soll nur Gutes hervorbringen, und das Handwerk seiner Aussagen soll Tora und die Herbeiführung von Wohlwollen sein. Und er [sollte] keine Schande, keinen Fluch und keinen Zorn aus seinem Mund hervorbringen. Und er [sollte] jenem Höchsten Mund gleichen, der sich niemals verschließt und niemals das Gute verhindert. Und deshalb darf er nicht schweigen, wenn es darum geht, Gutes über alles zu sagen, und aus diesem Mund immer Gutes und Segen hervorzubringen.

Seht, das sind acht gute Eigenschaften, und sie stehen alle unter dem Oberbegriff der Demut. So wie sie oben in der Krone sind, in den höchsten Gliedern. Und zu dem Zeitpunkt, an dem ein Mensch sich dem Oben nähern will, um Ihm zu ähneln - um seine Quellen für die unten zu öffnen - muss er Vollkommenheit in diesen beiden Kapiteln erlangen.

Wenn er die Eigenschaften der Krone ausüben muss:

In der Tat wissen wir, dass es unmöglich ist, diese Eigenschaften immer zu praktizieren, da es andere Eigenschaften gibt, in denen eine Person Vollkommenheit erlangen muss - und das sind die niedrigeren Strenge [gevurot], wie wir erläutern werden. Es gibt jedoch bestimmte Tage, an denen die Schwere nicht aktiv ist und die Menschen sie nicht brauchen, da die Krone [dann] über sie herrscht; und Zeiten, in denen die Krone [vollständig] erforderlich ist. Dann muss man all diese Eigenschaften, die wir erwähnt haben, anwenden.

Doch [bei] den anderen Eigenschaften - auch wenn sie zu ihren [angemessenen] Zeiten ein Bedürfnis des Dienstes sind - [sind die eben erwähnten Zeiten] nicht die Zeit, sie zu verwenden, da das Licht der Krone [sie] aufheben würde; und daher sollte er diese harten Eigenschaften nicht verwenden. Zum Beispiel sollte er diese Eigenschaften nicht am Schabbat verwenden - wenn die Welt mit dem Geheimnis der Freude geläutert ist, und [deshalb] beurteilen wir [Fälle] nicht am Schabbat. Dann [sollte er] alle diese Eigenschaften [der Krone] verwenden - um die Höchsten Quellen zu öffnen. Denn wenn er seine Konzentration in seinen Gebeten auf die Lichter der Krone richtet, aber mit seinen Handlungen das Gegenteil tut, wie soll er dann die Quelle der Krone öffnen? Und siehe da, er stößt sie tatsächlich mit seinen Handlungen weg. Und siehe da, die Dinge sind ein Argument a fortiori [kal vechomer]: Wenn die Krone nicht in den Höchsten Sefirot [g-ttlichen Emanationen] wohnt, die heilige Urteile und heiligen Zorn verstärken, ist es dann nicht umso mehr so, dass die Krone und ihr Licht nicht in einer Person wohnt, die den äußeren Zorn verstärkt - selbst wenn es um des Himmels willen ist? Und dies umso mehr, als er kommt, um die Höchsten Eigenschaften herauszufordern. Und sie werden sagen: "Wie

Tomer Devorah – Die Palme von Deborah — Zwei

unverschämt ist dieser Mensch - das Licht der Krone ist in Uns nicht offenbart wegen Unseres heiligen und reinen Urteils, und er sucht es zu offenbaren, während er voller Zorn und schändlicher äußerer Handlungen ist?"

Deshalb muss der Mensch an den Feiertagen und am Schabbat und an Jom Kippur und in der Zeit des Gebets und der Beschäftigung mit der Tora - das sind alles keine Zeiten der Strenge, sondern Zeiten der Offenbarung des Höchsten Willens - seine Eigenschaften um all diese Merkmale herum anordnen. Und er kann die verbleibenden Eigenschaften zu den anderen Zeiten für den Dienst an G-tt verwenden - aber nicht die schändliche von ihnen, denn es gibt keine Zeit, in der sie einen Menschen beherrscht, die nicht schlecht für ihn ist. Und wenn er diese Eigenschaften [der Krone] benutzt, kann er bereit und sicher sein, dass er die Höchsten Quellen öffnen wird. Daher muss sich jeder Mensch allmählich an diese Eigenschaften gewöhnen. Und die zentrale Eigenschaft, die er ergreifen [sollte] - die der Schlüssel zu allem ist - ist die Demut; denn sie ist das Haupt von allen. Sie ist der erste Aspekt der Krone, und alle sind unter ihr eingeschlossen.

Und siehe, das Wesen der Demut besteht darin, dass er überhaupt keinen Wert in sich selbst findet, sondern sich selbst als nichts ansieht. Und die Sache ist wie die Aussage [2. Mose 16,7]: "Und was sind wir, dass du dich über uns beklagst" - bis er in seinen Augen das niedrigste aller Geschöpfe und sehr schändlich und widerwärtig ist. Und wenn er sich ständig abmüht, um diese Eigenschaft zu erreichen, werden alle anderen Eigenschaften hinterhergezogen. Wie du siehst, ist die erste Eigenschaft der Krone, dass sie sich vor ihrem Emanator wie ein Nichts erscheinen lässt. Genauso sollte ein Mensch sich selbst zu einem tatsächlichen Nichts machen und sein Verschwinden für viel besser halten als sein Dasein. Und damit wird er vor seinen Gegnern so dastehen, als ob die [Wahrheit] bei ihnen ist und er [eigentlich] schändlich und zu tadeln ist. Und dies wird ein Katalysator für die Aneignung der guten Eigenschaften sein.

Vorschläge, um sich an die Demut zu gewöhnen:

Und ich habe ein Mittel gefunden, mit dem sich der Mensch allmählich an diese Dinge gewöhnen kann. Es ist möglich, dass er dadurch von der Krankheit des Stolzes geheilt wird und die Pforten der Demut betritt. Und es ist ein Verband, der aus drei Drogen besteht.

Die erste:
Dass er sich daran gewöhnt, so weit wie möglich vor der Ehre zu fliehen. Denn wenn er sich daran gewöhnt, dass die Leute ihn ehren, wird er sich von ihnen an die Seite des Stolzes gewöhnen. Und die Natur wird ihn dazu bringen, dies immer zu wollen, und er kann nur mit Mühe geheilt werden.

Die zweite:
Dass er sein Denken daran gewöhnt, seine Schande

zu sehen und zu sagen: "Wenn es so ist, dass die Leute nichts von meiner Minderwertigkeit wissen, was geht mich das an? Und erkenne ich selbst nicht, dass ich mit diesem und jenem schändlich bin" - sei es mit dem Mangel an Wissen, der Schwäche der Fähigkeiten oder der Schändlichkeit des Essens und der Fäkalien, die daraus hervorgehen, und ähnlichem - bis er in seinen Augen schändlich und ekelhaft ist.

Der dritte:
Dass er beständig über seine Missetaten nachdenkt und Läuterung, Zurechtweisung und Trübsal begehrt. Und er soll sagen: "Was sind die besten Bedrängnisse in der Welt, die mich nicht vom Dienst an G-tt abhalten werden?" Nichts ist ihnen lieber, als daß sie ihn verfluchen und entehren und verdammen. Denn siehe, sie hindern ihn nicht an seiner Kraft und Vitalität durch Krankheiten, und sie hindern ihn nicht an seiner Nahrung und seiner Kleidung, und sie hindern sein Leben und das Leben seiner Kinder durch den Tod. Wenn das so ist, dann soll er sie wirklich wollen und sagen: "Was nützt es mir, zu fasten und mich mit Sackleinen und Peitschenhieben zu kasteien, die meine Kraft für den Dienst an G-tt schwächen, dass ich sie mit der Hand nehme? Es ist besser für mich, mich mit der Schande der Menschen und ihrem Fluch zu kasteien, und meine Kraft wird nicht schwinden und ich werde nicht geschwächt werden." Und damit wird er, wenn Beleidigungen über ihn kommen, sich über sie freuen; und gerade das Gegenteil, er wird sie begehren. Und er soll sich aus diesen drei Arzneien einen Verband für sein Herz machen und sich sein ganzes Leben lang damit üben.

Zusätzliche Vorschläge zur Gewöhnung an die Demut:

Und ich habe einen sehr guten Zaubertrank gefunden, aber der Zaubertrank hilft nicht so sehr wie die oben erwähnte Bandage. Und es ist, dass er sich an zwei Dinge gewöhnt.

Die erste:

Es geht darum, alle Geschöpfe vollständig zu ehren. Denn er erkennt die Tugend des Schöpfers, der den Menschen mit Weisheit erschaffen hat - und die Weisheit des Schöpfers steckt auch in allen Geschöpfen -, und er selbst sieht, dass sie sehr, sehr geehrt sind; so wie der Schöpfer von allem, der tugendhafte Weise, mit ihnen bei ihrer Erschaffung umgegangen ist. Und wenn er sie entehrt, G-tt bewahre, berührt er die Ehre ihres Schöpfers. Und siehe, das ist ähnlich wie bei einem weisen Schmied - er machte ein Gefäß mit großer Weisheit und zeigte sein Werk den Menschen. Und einer von ihnen fing an, es anzuprangern und es zu schänden. Wie viel Zorn wird über den Weisen kommen, weil sie seine Weisheit schmähen, indem sie das Werk seiner Hände schmähen. Und so wird es auch in den Augen des Heiligen, gepriesen sei Er, schlimm sein, wenn sie irgendeine seiner Schöpfungen entehren. Und das ist die Bedeutung dessen, was geschrieben steht [Psalm 104:24]: "Wie viele sind Deine Schöpfungen, Herr" - es heißt nicht "groß", sondern "viele [rabu]", ein Ausdruck [wie] "der Bedeutende [rav] des Hauses" [Esther 1:8], [d.h.] sie sind sehr wichtig - "Du hast sie alle mit Weisheit gemacht": Und da

Deine Weisheit mit ihnen zu tun hat, werden Deine Werke wichtig und groß. Und [deshalb] ist es angemessen für einen Menschen, Weisheit in ihnen zu sehen und nicht Schande.

Die zweite:
Er [sollte] sich angewöhnen, die Liebe zu den Menschen in seinem Herzen zu verinnerlichen - und sogar zu den Übeltätern -, als wären sie seine Brüder, und sogar noch mehr als das; bis er die Liebe zu allen Menschen in seinem Herzen festhält. Und er [sollte] sogar die Übeltäter in seinem Herzen lieben und sagen: "Wer wird geben, dass sie alle rechtschaffen büßen und alle groß und begehrenswert für den Allmächtigen sind", wie die Aussage des vertrauten Freundes von ganz Israel. Er sagte [Numeri 11,29]: "Und wer wird geben, dass alle aus dem Volk des Herrn Propheten sind usw.?" Und womit [wie] wird er [sie] lieben? Wenn er in seinen Gedanken die guten [Eigenschaften] erwähnt, die sie haben, und ihren Makel bedeckt, und er nicht auf ihren Schorf schaut, sondern auf die guten Züge, die sie haben. Und er [sollte] in seinem Herzen sagen: "Wenn dieser ekelhafte Arme ein Mann mit viel Geld wäre, wie glücklich wäre ich mit seiner Freundschaft - wie ich mit der Freundschaft von x bin. Und siehe, wenn sie diesen mit schönen Kleidern bekleiden würden wie x, siehe, es gibt keinen Unterschied zwischen ihnen. Wenn das so ist, warum sollte es ihm in meinen Augen an Ehre mangeln? Und siehe, in den Augen G-ttes ist er wichtiger als ich, denn er ist von Armut und Kummer geplagt und von Ungerechtigkeit gereinigt. Und warum sollte ich einen hassen, den der Heilige,

gepriesen sei Er, liebt?" Und dadurch wird sich sein Herz auf die Seite des Guten wenden und sich daran gewöhnen, an all die guten Eigenschaften zu denken, die wir erwähnt haben.

Tomer Devorah
Die Palme von Deborah

Moshe Cordovero
Akronym

Kapitel Drei

Wie ein Mensch sich die Eigenschaft der Weisheit [chokhmah] aneignen kann:

Seht, die höchste Weisheit ist über alles, was existiert, vollständig ausgebreitet, so wie sie auch sehr verborgen und erhaben ist. Von ihr heißt es [Psalm 104:24]: "Wie zahlreich sind Deine Schöpfungen, Herr; Du hast sie alle mit Weisheit gemacht." So ist es angemessen, daß die Weisheit eines Menschen in allem zu finden ist; und er soll die Menschen "lehren" - er soll jeden einzelnen nach seinen Fähigkeiten mit dem ausstatten, was er mit seiner Weisheit ausstatten kann. Und keine Ursache [sollte] ihn [dabei] überhaupt stören.

Die zwei Seiten der Weisheit:

Und siehe da, es gibt zwei Seiten der Weisheit.
Die höhere Seite, die der Krone zugewandt ist - diese Seite blickt nicht nach unten, sondern empfängt von oben.

Die zweite - untere Seite, die nach unten gerichtet ist

- um die Sefirot zu betrachten, zu denen sie sich mit ihrer Weisheit erstreckt.

So [sollte] der Mensch zwei Seiten haben.
Die erste Seite - das ist die Meditation über seinen Schöpfer, um seine Weisheit zu erweitern und zu verfeinern.

Die zweite - die Menschen von jener Weisheit zu lehren, die der Heilige, gepriesen sei Er, ihm verliehen hat.

Und so wie die Weisheit jede einzelne Sefirah nach ihrer Größe und ihrem Bedarf ausstattet, so soll er jeden Menschen nach dem Maß seines Verstandes ausstatten, mit dem er sie halten kann, und nach dem, was ihm angenehm ist und was er braucht. Und er soll sich davor hüten, mehr zu geben als das Maß des Verstandes des Begabten, damit daraus kein Unglück entsteht. Und so ist es, dass die höhere Sefirah nicht über das begrenzte Maß des Empfängers hinausgeht.

Überwachung der Bedürfnisse der anderen:

Es entspricht auch dem Weg der Weisheit, dass sie alle Dinge des Daseins überblickt, denn sie ist der Gedanke, der über alle Dinge des Daseins nachdenkt. Und über Ihn heißt es [Jesaja 55,8]: "Denn Meine Gedanken sind nicht eure Gedanken"; und es steht geschrieben [II. Samuel 14,14]: "und Er denkt Gedanken, dass man nicht von Ihm verbannt werde"; und [auch] steht geschrieben [Jeremia 29,11]: "Denn ich kenne die Gedanken, die ich über dich denke,

Haus Israel, Gedanken des Friedens und nicht des Bösen, um dir ein Ende der Hoffnung zu geben." So müssen die Augen eines Menschen offen sein für das Verhalten des Volkes G-ttes, um ihm zu nützen. Und seine Gedanken sollen darauf gerichtet sein, die Verbannten zu sich zu holen und gute Gedanken über sie zu denken. [So wie der Verstand an das Wohl des gesamten Daseins denkt, so soll er an das Wohl seiner Mitmenschen denken und ihnen einen Rat geben, der gut für G-tt und sein Volk ist, sowohl für den Einzelnen als auch für die Allgemeinheit. Und er [sollte] denjenigen, der von gutem Verhalten abweicht, zu geradem Verhalten führen; und er [sollte] wie ein Verstand und ein Gedanke sein, um ihn zu lenken und ihn zu gutem und geradem Handeln zu führen - [genauso] wie der Höchste Gedanke den Höchsten Menschen [die g-ttlichen Emanationen unter ihm] gerade richtet.

Um Leben zu schenken. Und auch die Weisheit gibt allem Leben, wie es geschrieben steht [Prediger 7:12]: "und die Weisheit gibt dem, der sie besitzt, Leben." So soll er der ganzen Welt das Leben lehren und ihnen das Leben in dieser Welt und in der kommenden Welt schenken und ihnen das Leben erleichtern. Dies ist das allgemeine Prinzip - er [sollte] Leben für alle ausstrahlen.

Wie ein Vater zu sein:

Und die Weisheit ist auch ein Vater für alles, was existiert, wie es geschrieben steht [Psalm 104:24]: "Wie viele sind Deine Schöpfungen, Herr; Du hast sie alle mit Weisheit gemacht" - und sie sind lebendig und leben von dort. So, muss er ein Vater für alle Schöpfungen des Heiligen, gepriesen sei Er, und für Israel, das Wesen, sein - denn sie sind die heiligen Seelen, die von dort hervorgegangen sind. Und er [sollte] immer nach Barmherzigkeit und Segen für die Welt streben - so wie der Höchste Vater ein Barmherziger über Seine Geschöpfe ist - und immer um die Not derer beten, die in Not sind, als wären sie seine eigentlichen Kinder und als hätte er sie erschaffen. Denn dies ist der Wille des Heiligen, gepriesen sei Er - so wie der treue Hirte sagte [Numeri 11,12]: "Habe ich all dieses Volk empfangen, dass Du zu mir sagen solltest: 'Trage sie in Deinem Schoß.'" Und so soll er das ganze Volk G-ttes tragen, "wie eine Amme einen Säugling trägt" - "mit dem Unterarm sammelt er die Lämmer, mit dem Schoß trägt er, führt er die Ammen. Er [sollte] der Verborgenen gedenken, die Jungen suchen, die Zerbrochenen heilen, die Bedürftigen unterstützen und die Verlorenen zurückbringen. Und er erbarmt sich Israels und trägt ihre Last mit wohlgefälliger Miene - wie der Allerhöchste Barmherzige, der alles duldet und nicht verdorrt, noch ignoriert, noch krank wird, sondern einen jeden nach seinem Bedürfnis führt.

Das sind die Eigenschaften der Weisheit, des barmherzigen Vaters über [seine] Kinder.

Sich aller Geschöpfe zu erbarmen:

Er muss auch seine Barmherzigkeit auf alle Geschöpfe ausdehnen. Er soll sie weder entehren noch vernichten. Denn siehe, die Höchste Weisheit ist über alle Geschöpfe ausgebreitet - die unbelebten, die wachsenden [Pflanzen], die lebenden [Tiere] und die sprechenden [Menschen]. Und aus diesem Grund werden wir davor gewarnt, die Nahrung zu entehren. Und dazu passt, dass, so wie die Höchste Weisheit nichts im Dasein schändet und alles von ihr erschaffen wurde, wie geschrieben steht: "Du hast sie alle mit Weisheit erschaffen", so sollte auch die Barmherzigkeit eines Menschen über allen seinen Schöpfungen sein, möge er gesegnet sein. Und aus diesem Grund wurde der heilige Rebbe bestraft: Weil er kein Mitleid mit dem jungen Kalb hatte, das sich bei ihm versteckte, und zu ihm sagte: "Geh, du bist dafür geschaffen worden", kamen Trübsale über ihn [Bava Metzia 85a].

Sie waren von der Seite des Gerichts; denn siehe, die Barmherzigkeit schützt vor dem Gericht. Und als er sich eines Wiesels erbarmte und sagte: "Es steht geschrieben [Psalm 145:9], 'und seine Barmherzigkeit ist über alle seine Geschöpfe'", wurde er vor dem Gericht bewahrt - denn das Licht der Weisheit breitete sich über ihn aus und die Bedrängnisse zogen sich zurück. Und auf diesem Weg sollte er nichts von dem, was existiert, in Ungnade fallen lassen, denn sie sind alle von der Weisheit. Und er soll keine Pflanze ausreißen, es sei denn, es ist notwendig, und kein Tier töten, es sei denn, es ist notwendig. Und [dann] soll er einen schönen Tod wählen, mit einem geprüften Messer, um Barmherzigkeit zu üben, soweit es nur möglich ist.

Tomer Devorah – Die Palme von Deborah

Dies ist die allgemeine Regel:

Mitgefühl mit allen Dingen der Existenz - sie nicht zu verletzen - ist in der Weisheit [verwurzelt]. [Es sei denn, es geht darum, sie von [einer] Ebene auf [eine] andere Ebene zu heben - vom Wachsen zum Leben; vom Leben zum Sprechen. Denn dann ist es erlaubt, eine [Pflanze] zu entwurzeln und ein [Tier] zu töten - um [es] zu benachteiligen, um [es] zu nutzen.

Tomer Devorah
Die Palme von Deborah

Moshe Cordovero
Akronym

Kapitel Vier

Wie ein Mensch sich mit der Eigenschaft des Verstehens [binah] vertraut machen kann:

Verstehen ist Reue. Und das ist die Reue, denn nichts ist so wichtig wie sie, da sie jeden Fehler behebt. Und wie es der Weg des Verstandes ist, alle Urteile zu versüßen und ihre Bitterkeit aufzuheben, so [sollte] ein Mensch bereuen und jeden Fehler beheben. Und wer den ganzen Tag über Reue nachdenkt, der bewirkt, dass der Verstand den ganzen Tag über auf ihn scheint. Und es kommt heraus, dass alle seine Tage in Reue sind' - was bedeutet, dass er sich selbst in die Einsicht einschließt, die Reue ist. Und [so] sind die Tage seines Lebens gekrönt mit dem Geheimnis der höchsten Reue. Und siehe, wie die Reue die Wurzel alles Bestehenden in sich hat durch das Geheimnis des Jubiläums, und siehe, die Wurzel der äußeren Kräfte - [das] ist das Geheimnis des Flusses Dinur, das in der Heiligkeit des Geheimnisses der Schwere enthalten ist - ist [auch] dort verwurzelt und erstreckt sich von dort aus, und diese Ausdehnung wird die Ausdehnung des brennenden Zorns genannt, aber die Ausdehnung kehrt zu ihrer Quelle zurück in dem Geheimnis von "Und der Herr roch den angenehmen Geruch" [Genesis 8: 21], und die Urteile werden versüßt und der Zorn wird gestillt, 'und der Herr lässt von dem Bösen ab'; so [auch] tut der Mensch dieses Geheimnis mit dem Geheimnis seiner Reue.

Die Reue ist auch für das Schlechte gut, so dass man nicht sagen kann, dass die Reue nur für den heiligen Teil im Menschen gut ist, sondern sie versüßt auch den bösen Teil in ihm, ähnlich wie dieser [höhere] Charakterzug:

Wisse, dass Kain böse war und von der Schlange stammte, aber es wurde ihm gesagt [Genesis 4:7]: "Ist es nicht so, dass, wenn du Gutes tust, es aufgehoben wird" - denke nicht, dass, weil du von der Seite des Bösen bist, du keine Wiedergutmachung hast; das ist eine Lüge! Ist es nicht so, dass "wenn du Gutes tust" und dich im Geheimnis der Reue verwurzelst, "es aufgehoben wird", [so] dass du dich dorthin in das Geheimnis des dort verwurzelten Guten zurückziehst - so wie alle Höchste Bitterkeit eine süße Wurzel hat und durch ihre Wurzel eintreten kann, um sich zu verbessern. Und so verbessern dieselben Handlungen den Menschen, und seine "willentlichen Sünden werden für ihn wie Verdienste gemacht." Wie man sieht, wurden diese Handlungen, die er tat, von der 'linken Seite' aus verfolgt. [Wenn] er mit vollkommener Reue bereut, siehe, dann bringt er diese Handlungen herein und verwurzelt sie im Oben. Und alle diese Ankläger werden nicht ungültig, sondern verbessern sich und verwurzeln sich in der Heiligkeit, ähnlich wie die [mögliche] Verbesserung von Kain. Und siehe, wenn Kain bereut hätte und wiederhergestellt worden wäre, siehe, dann wäre die vorsätzliche Sünde Adams [wörtlich: des ersten Menschen], durch die er Kain gezeugt hat - der das Nest [kina] der Unreinheit ist -, als Verdienst angesehen worden, durch das Geheimnis von "ein Kind gibt dem Vater Verdienst" [Sanhedrin 104a]. Er wollte jedoch keine Reue zeigen. Und so wird die ganze "linke Seite" von ihm abgeleitet. Aber alle seine Zweige sind dazu bestimmt, versüßt zu werden, und sie werden Buße tun und versüßt werden. Und das ist genau aus dem Grund, den wir erklärt haben - dass der Mensch das Geheimnis des Bösen zu seinen eigenen Wurzeln nimmt und es versüßt und ins Gute bringt. Der Mensch läutert also seinen bösen Trieb und bringt ihn ins Gute, und er wird oben in der Heiligkeit verwurzelt.

Und das ist die Tugend der Reue, die der Mensch praktiziert. Er muss jeden Tag darüber nachdenken und auf irgendeine Weise Buße tun, so dass er "alle seine Tage in Buße verbringt".

Tomer Devorah
Die Palme von Deborah

Moshe Cordovero
Akronym

Kapitel Fünf

Wie ein Mensch sich den Charakterzug der Freundlichkeit [chese"d] angewöhnen kann:

Die Essenz ist die Liebe zu G-tt - der Hauptzugang für eine Person zum Geheimnis der Güte ist, G-tt mit der vollsten Liebe zu lieben, so dass er seinen Dienst aus keinem Grund verlassen wird. [Das liegt daran, dass es für ihn nichts gibt, was er mehr liebt als die Liebe zu Ihm, möge Er gesegnet sein. Und so [sollte er] zuerst alle Bedürfnisse Seines Dienstes festlegen; und was danach übrig bleibt, wird für andere Bedürfnisse sein. Und diese Liebe sollte in seinem Herzen verankert sein. Ob er von dem Heiligen, gesegnet sei Er, Güte empfängt oder ob er Bedrängnisse und Zurechtweisungen empfängt, er [sollte] sie als Produkte Seiner Liebe zu ihm betrachten, wie geschrieben steht [Sprüche 27,6]: "Treu sind die Wunden eines Freundes." Und es ist so, wie es geschrieben steht [Deuteronomium 6:5], "und mit all deiner Kraft [meodecah]" - und sie erklärten [Berakhot 54a], "mit jeder einzelnen Eigenschaft [midah], usw., um alle Eigenschaften der Freundlichkeit einzuschließen. Und es zeigt sich, dass das Geheimnis Seiner Herrschaft aus dem Königtum [Malkhut] stammt; und selbst wenn es mit Urteilsvermögen handelt, ist es mit Güte verbunden. Und dies ist der Charakterzug von Nachum, dem Mann von Gimso, der sagte: "Auch dies [Gam zu] ist für das Gute." Er wollte [Ereignisse] immer mit der Seite der Güte verbinden, die als gut bezeichnet wird, und [so] würde er sagen: "Auch dies", das mit dem 'links' zu sein scheint, das mit der Schwere [Gevurah] verbunden ist, "ist" nichts anderes als "für das Gute", [das] mit der Güte verbunden ist. Und er würde seinen Geist mit dieser Eigenschaft auf die Seite des Guten stellen und seine Urteile ausblenden. Und das ist eine großartige Praxis, sich immer mit der Güte zu verbinden.

Und in den Tikkunim [in der Einleitung] wird erklärt: "Wer ist ein frommer Mensch [chasid]? Einer, der gütig [mitchased] zu seinem Schöpfer ist." [Denn der Mensch muss in den Taten der Güte, die er den Niederen [anderen Menschen] erweist, die Höchste Wiedergutmachung beabsichtigen, die sein Vorbild ist - und das ist das Schenken von Güte gegenüber seinem Schöpfer.

Aus der Freundlichkeit gegenüber Menschen lernt man die Freundlichkeit gegenüber seinem Schöpfer:

Und nun muss er wissen, wie viele Eigenschaften die Handlungen der Freundlichkeit gegenüber den Menschen haben. Und er [sollte] sie alle mit seinem Schöpfer tun, wenn er die Eigenschaft der

Freundlichkeit erwerben will. Und so werden wir sagen, dass die Eigenschaften der Handlungen der Freundlichkeit diese sind:

Die erste:
Wenn ein Mensch geboren wird, müssen alle Vorkehrungen für seine Ernährung getroffen werden. Wenn dies der Fall ist, sollte er sich die Geburt des Verstandes zur Pracht [Tiferet] ins Gedächtnis rufen. Und es ist so, dass die Pracht in ihrer Schwierigkeit bei ihrer Geburt aus dem Blickwinkel des Urteils, G-tt bewahre, zur Seite der Strenge herauskommt und ihre Geburt in Schwierigkeit [Härte] wäre; [daher] gibt es eine Notwendigkeit, alles, was möglich ist, dort zu fixieren - dass die Geburt der Pracht auf der "richtigen Seite" ist, so dass die Nachkommenschaft überhaupt ohne Makel ist. [Es ist, wie wir sagen: "Und bringe unser Urteil ans Licht, Heiliger" - was bedeutet, dass Er die Herrlichkeit, die das Urteil ist, auf die Seite des Lichts bringt, die die rechte Seite ist, und sie wird heilig sein und von der Schwere getrennt. Und dies schließt ein, dass er bei seinen Handlungen darauf bedacht ist, sie immer mit der Güte zu verbinden, damit sie aus dem Verstand heraus auf die Seite der Güte kommt. Und dann wird die Nachkommenschaft vital und glänzend sein. Und fast jede Warnung in der Thora ist darin enthalten, damit die Strenge nicht die Verschärfung der Urteile dort hervorruft und es keine Schwierigkeiten bei seiner Geburt gibt, G-tt bewahre.

Die zweite:
Die Nachkommenschaft zu beschneiden – das heißt,

[es] nach den Feinheiten seiner Gebote zu tun. Dass er jede Schale [klipah] und Vorhaut beschneiden [soll], die an der Stiftung [Yesod] hängt, all jene jagen, die dort Vorhaut verursachen, und sie zur Buße bringen, so dass durch seine Beschneidung der Vorhaut ihrer Herzen, der Höchste Gerechte ohne Vorhaut sein wird. Und er [sollte] stark sein, um all die Dinge, die die Vorhaut dort verursachen, zu beheben. Und so, als Pinchas die Vorhaut der Kinder Israels beschnitt, verdiente er das Priestertum. Weil er seinem Schöpfer mit dem Geheimnis der Beschneidung - dass er die Stiftung aus dieser Vorhaut beschnitt - Güte erwies, verdiente er sich Güte. Und so sollte man von ihm alle anderen Eigenschaften der Güte lernen.

Der dritte:
Die Kranken zu besuchen und sie zu heilen. Es ist also bekannt, dass die g-ttliche Gegenwart liebeskrank nach Vereinigung ist, wie es geschrieben steht [Hohelied 2,5], "denn ich bin krank vor Liebe". Und ihre Heilung liegt in der Hand des Menschen, um ihr die richtigen Medikamente zu bringen, wie es geschrieben steht: "Stütze mich mit Obstkuchen, lege Äpfel unter mich." Und sie erklärten in den Tikkunim [S. 39b], dass das Geheimnis der Obstkuchen [Aschischot] all die Dinge sind, die mit dem Königtum [Malkhut] verbunden sind - durch den Mann [isch] [der den Buchstaben,] He [ה] [fünf, was] Güte ist, und durch die Frau [ischah] [die den Buchstaben,] Jod [י] [zehn, was] Strenge ist, [die] durch die beiden Unterarme. Und sie stützt sich dort

auf sie. Und wer dies tut, stützt den Kranken in seiner Krankheit.

Die Erklärung des zweiten [Satzes], "legt Äpfel unter mich", ist, sie zwischen Sieg [Netsach] und Majestät [Hod] zu verbinden. So wie Ihre Couch da ist, indem Sie weiß und rot ist - wie die Äpfel, deren Farben gemischt sind - von der Seite der Freundlichkeit. Und es ist nötig, sie zu besuchen, ihrer zu gedenken und ihr Antlitz zu erflehen, dass sie Speise und Trank aus dem Höchsten fließen lässt, was sie von sich selbst abhält und ihre Seele nach der Mühsal Israels schmachten lässt. So wie es mit den körperlichen Patienten ist, so ist es mit den Höchsten Patienten, denn sie ist krank, wie wir sagten. Und Er ist [auch] krank, da Er von Seinem Ort - der zukünftigen Welt, dem Verstehen - "umherwandert" und von Ihr in dieser Welt "umherstreift"; wie es geschrieben steht [Sprüche 27:8]: "Wie ein Vogel, der von seinem Nest umherwandert" - was die g-ttliche Gegenwart ist - "so wandert ein Mensch von seinem Ort umher." Und er wartet auf sie und schwört ihr, dass er nicht an seinen Platz zurückkehren wird, bis er sie an ihren Platz zurückbringt. Siehe, auch Er ist "verwundet um unserer Sünden willen, willig zerschlagen um unserer Missetaten willen". Und die Heilung der beiden liegt in unseren Händen. Und es ist angemessen, sie zu besuchen und für ihre Bedürfnisse zu sorgen durch das Torastudium und durch die Erfüllung der Gebote.

Der vierte:
Almosen [tsedekah] an die Armen zu geben, deren Vorbild die Stiftung und das Königtum ist. Und sie

haben in den Tikkunim [Tikkun 18, S. 33a] erklärt, dass die Wohltätigkeit, die für sie geeignet ist, darin besteht, jeden Tag neunzig [Rezitationen von] Amen, vier [von] Keduscha, hundert Segenssprüche und fünf Bücher der Tora [da diese Zahlen den Buchstaben entsprechen, die das Wort Tsedekah buchstabieren] auszuführen. Und so soll jeder von der Herrlichkeit Almosen an diese Armen geben. Und er [sollte] für sie Nachlese aus allen Sefirot beschaffen, vergessene Garben aus dem Geheimnis der Höchsten Garbe - das ist der Verstand - und die Ecke aus dem Aspekt des Königtums selbst, da es die Ecke für die anderen Eigenschaften ist [es ist die äußerste Sefirah]. Es steht geschrieben [Levitikus 19:10], "für den Armen und den Fremden sollst du sie lassen" - denn sogar die Herrlichkeit ist ein Fremder, wenn sie unten im Königtum ist, und man muss sie von diesen Reparationen geben. Und so muß man auch den Armen den Zehnten geben, um das Königtum, das der Zehnte ist, zur Stiftung zu bringen, die die Armen genannt wird. Und wenn er es mit der Pracht verbindet, wird er vom Zehnten an den Fremden geben. Und mehrere Reparationen sind darin enthalten.

Der fünfte:
Das Hereinholen von Gästen. [Die Gäste] sind Pracht und Fundament - ihnen ein Haus zum Ausruhen zu geben, so dass sie dort ausruhen, das heißt im Königtum. Da sie Wanderer im Geheimnis des Exils sind - um nach ihrem verlorenen Objekt zu suchen - muss er sie dort hineinbringen. Und gemäß dem, was im Zohar, Vayera 1:115b, erläutert wird, wird dieses

Tomer Devorah – Die Palme von Deborah — Fünf

Gebot von denen umgesetzt, die 'Wanderer, die sprechen' sind; das sind diejenigen, die aus ihren Häusern vertrieben wurden, um sich mit Tora [Studium] zu beschäftigen, die bewirken, dass die Gäste sich mit den Bedürfnissen des Königtums beschäftigen. Und so [auch] bewirkt jeder, der eine Vereinigung für die Pracht im Königtum von einem anderen Aspekt aus schafft und einen Ort für sein Thora-[Studium] festlegt, dass die Pracht ihren Wohnsitz im Königtum nimmt. Und so haben sie in den Tikkunim [in der Einleitung] erklärt. Und man muss Essen, Trinken und Geleit für die Gäste vorbereiten. Das heißt, man muss die Pracht und das Fundament in das Königtum bringen, ihnen Nahrung geben, ähnlich wie: "Ich bin in meinen Garten gekommen, ich habe meine Waben und meinen Honig gegessen" [Hohelied 5: 1], das ist die Strömung, die für die untere Herrschaft geeignet ist, die sich von der Seite der gesüßten Schwere erstreckt; und trinken, ähnlich wie "Ich habe meinen Wein mit meiner Milch getrunken", das ist die innere Strömung vom Wein, der bewacht wird, und vom Geheimnis der gesüßten Milch, um Pracht und Königtum - [die sind] Yaakov und Rachel - und Schwere mit Sieg oder mit Majestät zu verbinden. So haben sie es in der Raaya Meheimena [Vayikra, S. 4b] erklärt. Und der Begleiter soll sich selbst und seine Seele mit ihnen in ihrer höchsten Vervielfältigung dorthin bringen, um sie dorthin zu begleiten; auch die anderen Sefirot sollen mit ihnen dorthin gebracht werden, um eine gute Eskorte für sie zu bilden. Und zu dieser Wiedergutmachung gehören mehrere Dinge.

Tomer Devorah – Die Palme von Deborah

Das allgemeine Prinzip der Sache ist, dass er sich um die Bedürfnisse des Bürgers [einer Person] bemüht und die Absicht hat, sie zu erfüllen. Und [so] kann er sicher sein, dass das Obige ähnlich getan wird, sobald er ein Experte in den Geheimnissen ist. Und wie gut ist es, die Andeutung seiner Absicht mit dem Mund zur Zeit der Tat zu erwähnen, um "in deinem Mund und in deinem Herzen zu erfüllen, es zu tun" [Deuteronomium 30:14]!

Der sechste:
Der Umgang der Lebenden mit den Toten. Und wie diese Sache mit dem Oben zusammenhängt, ist sehr schwierig, denn es ist das Geheimnis der Sefirot, die verborgen werden und sich in ihre Behälter oben zurückziehen. Wie sehr muss man sie reparieren, um sie von jeder Krankheit der Ungerechtigkeit zu waschen, sie weiß zu kleiden - das Weißen der Sefirot im Licht der guten Tat -, sie im Geheimnis des Einen aufsteigen zu lassen, sie oben zu verbinden und sie auf der Schulter zu tragen, [was] das Geheimnis des Aufsteigens der Sefirot ist, eine nach der anderen, bis sie über die Schulter aufsteigen, was der Beginn der Verbindung des Unterarms mit dem Körper ist. Aber darüber steht das Geheimnis des Versteckens, von dem es kein Verständnis gibt. Und was das Geheimnis des Begräbnisses betrifft, so sollte er den Vers [Deuteronomium 34,6] beachten: "Und er begrub ihn im Tal [gai]", was wir [ins Aramäische] mit "mit dreizehn Kronen der Barmherzigkeit" übersetzen [da die numerische Entsprechung von gai dreizehn ist]. So wie sie aus der Krone aus ihren nach unten gerichteten Aspekten hervorkommen, um sich

derer zu erbarmen, die unten sind. Und von dort aus steigt der Begrabene zum Höchsten Eden auf - der Weisheit in der Krone. Und dazu ist viel Konzentration erforderlich.

Der siebte:
Eine Braut unter den Baldachin zu bringen. Und alle Bedürfnisse der Vereinigung sind darin enthalten, denn alle Gebete und Vereinigungen sind das Geheimnis, eine Braut unter den Baldachin zu bringen. Und seine Essenz ist das Geheimnis des Gebets auf mehreren Ebenen, dies nach dem anderen - das [Aufsagen der] Opfer, die [Lieder], das sitzende Gebet, in dem es das Aufsagen der Shema und ihrer Segnungen gibt, das stehende Gebet danach und der Rest der Wiedergutmachungen, die nach ihnen kommen. Es ist alles die Verleihung der Güte an den Bräutigam und die Braut, um alle ihre Bedürfnisse und die Wiedergutmachung ihrer Paarung zu überwachen.

Der achte:
Die Herstellung des Friedens zwischen einem Menschen und seinen Mitmenschen, die Glanz und Fundament sind. Manchmal entfernen sie sich voneinander, und es besteht die Notwendigkeit, Frieden zwischen ihnen zu stiften und sie wiederherzustellen, damit sie parallel und in Liebe und Freundschaft miteinander verbunden sind. Und dies [geschieht] durch die Angemessenheit der guten Tat. Wenn das Fundament sich zur Linken neigt und die Pracht zur Rechten, dann stehen sie einander gegenüber, bis das Fundament sich zur Rechten neigt,

wie es die Pracht getan hat. Wenn aber, G-tt bewahre, ein Fehler der Ungerechtigkeit in der Welt ist, dann gibt es Hass und Opposition zwischen den beiden, und die Vereinigung der Sefirot ist überhaupt nicht verbunden. Und so ist es auch zwischen allen Sefirot-Paaren, die rechts und links sind: zwischen Weisheit und Verstand; zwischen Güte und Strenge; und zwischen Sieg und Majestät - man muss Frieden [eine mittlere Sefirah] zwischen sie bringen, und das ist [die Bedeutung von] das Bringen von Frieden zwischen einem Menschen und seinem Gefährten. Und ebenso ist die Grundlage zwischen einem Mann und seiner Frau der Friede zwischen Pracht und Königtum. Und alles, was diesem in den Wegen des Friedens ähnlich ist, wird als Taten der Freundlichkeit Oben [angesehen].

Tomer Devorah
Die Palme von Deborah

Moshe Cordovero
Akronym

Kapitel Sieben

Wie ein Mensch sich an die richtige Art des Prahlens [tiferet] gewöhnen kann:

Es besteht kein Zweifel daran, dass der Charakterzug des Prahlens eine Beteiligung an der Tora ist. Der Mensch muss jedoch sehr aufpassen, dass er mit den Worten der Tora nicht hochmütig wird, damit er nicht großes Übel verursacht. Denn siehe, so wie er hochmütig wird, so verursacht er, dass die Eigenschaft der Herrlichkeit - die Tora - hochmütig wird und sich nach oben zurückzieht, G-tt bewahre. Vielmehr bewirkt jeder, der sich mit Worten der Tora erniedrigt, dass die Herrlichkeit herabsteigt und sich selbst erniedrigt, dass sie zum Königtum fließt. Und siehe da, es gibt vier Sefirot unterhalb der Herrlichkeit, und sie haben drei Eigenschaften.

Die erste:
Wer über seine Schüler hochmütig wird, der bewirkt, dass die Pracht hochmütig wird und sich über den Sieg und die Majestät erhebt, die 'die von G-tt Gelehrten' sind - die Schüler der Pracht. Wer sich aber erniedrigt und sie mit Liebe lehrt, [bewirkt, dass] die Herrlichkeit sich auch zu ihren Schülern erniedrigt

Tomer Devorah – Die Palme von Deborah

und sie lehrt, je nachdem, was sie tragen können. Und in seinem Verdienst wird die Herrlichkeit auf die 'Gelehrten G-ttes' fließen, entsprechend ihrem Aspekt, der für sie angemessen ist.

Die zweite:
Einer, der sich mit seiner Tora über den Armen erhebt, wie die Begebenheit von Elijahu, der Rabbi Schimon ben Elazar wie ein hässlicher, entehrter und ekelhafter armer Mann erschien [Taanit 20a], um ihn zum Straucheln zu bringen. Da sein Kopf [von seinem Torawissen] geschwollen war und er den armen Mann entehrte, tadelte [Elija] ihn wegen seines Schandflecks. So wie jemand, der über den Armen hochmütig ist, bewirkt, dass die Pracht über die Stiftung hochmütig ist und nicht über sie fließt. Wenn aber der Geist des Weisen [in seinem Umgang] mit dem Armen ausgeglichen ist, dann wird das Prahlen auf das Fundament fließen. Daher sollte ein armer Mensch dem Weisen sehr wichtig sein, und er sollte ihn in seine Nähe bringen; und so wird das Fundament über das Prahlen betrachtet werden und [das Letztere] wird sich mit [dem Ersteren] verbinden.

Der dritte:
Wer von seiner Thora auf das Volk des Landes - das das allgemeine Volk G-ttes ist - hochmütig wird, der bewirkt, dass die Herrlichkeit über das Königtum hochmütig wird und nicht über es fließt. Vielmehr soll seine Gesinnung mit den Geschöpfen angenehm sein und alle Menschen der Siedlung vor ihm wichtig sein - wie sie unten im Geheimnis des Landes sind.

Und G-tt bewahre, wenn er sie Esel nennt, erniedrigt er sie zu den Schalen. Daher wird er nicht den Verdienst haben, einen Sohn zu haben, der das Licht der Tora in sich trägt, wie es in der Gemara [Nedarim 81a] steht. Vielmehr sollte er sich ihnen gegenüber sanft verhalten, entsprechend ihrer Art und Weise, ähnlich wie die Herrlichkeit, die dem Königtum zufließt und sie entsprechend der Armut ihres Verstandes führt - denn der "Verstand der Frauen ist schwach" [Schabbat 33b]. Und dazu gehört, dass er nicht hochmütig wird über die Schwachen des Geistes, die im "Staub der Erde" enthalten sind. Und deshalb wurden die Alten nicht hochmütig gegenüber ihrer Tora, wie Rav Hamnuna in [dem Zohar,] Parschat Bereishit und wie Rabbi Chagai [Zohar, Teil I, S. 158a], und in den Tikkunim [Ende von Tikkun 26, S. 72b] jener Älteste, der floh, als sie ihn küssen wollten, weil er nicht hochmütig werden wollte mit Worten der Tora.

Er sollte auch daran gewöhnt sein, in seinem Hin- und Hergehen [seiner Diskussion und Argumentation] in den Worten der Thora die Wiedergutmachung der g-ttlichen Gegenwart zu beabsichtigen, sie zu reparieren und sie zum Ruhm zu schmücken - was das Gesetz zur Wahrheit ist. Und das ist [die Bedeutung von] einem **Streit um des Himmels willen** - das ist [für] Güte und Strenge, um zur Pracht, dem Himmel, zu kommen - damit das Gesetz demselben entspricht. Und er [sollte] sich von jeder Meinungsverschiedenheit trennen, die von dieser Linie abweicht, denn die Herrlichkeit wird das, was außerhalb ist, nicht erfassen wollen, selbst wenn es mit Worten der Tora ist. Wenn es [nur] zum Streiten ist, wird sein Ende Geihinom sein, G-tt bewahre. Und es gibt keinen Streit, der der Pracht nicht schadet, außer einem Streit um der Tora willen - denn 'alle ihre Wege sind Frieden' und die Liebe ist an ihrem Ende. Und wer Vergnügen aus den Worten der Thora konsumiert, der schadet dieser Eigenschaft, denn sie ist heilig und er [macht] sie zu Worten des Weltlichen. Aber wenn man sich mit den Worten der Tora zum Vergnügen des Höheren Reiches befasst, ist man glücklich. Und die Essenz von allem ist, seinen Geist durch den Aspekt des Denkens zu verfeinern und sich durch Geben und Nehmen zu prüfen. Wenn er eine Spur von etwas Unangemessenem findet, sollte er es zurücknehmen und immer der Wahrheit zustimmen, damit die Pracht - das Merkmal der Wahrheit - dort zu finden ist.

Tomer Devorah
Die Palme von Deborah

Moshe Cordovero
Akronym

Kapitel Sieben

Wie ein Mensch sich an die richtige Art des Prahlens [tiferet] gewöhnen kann:

Es besteht kein Zweifel daran, dass der Charakterzug des Prahlens eine Beteiligung an der Tora ist. Der Mensch muss jedoch sehr aufpassen, dass er mit den Worten der Tora nicht hochmütig wird, damit er nicht großes Übel verursacht. Denn siehe, so wie er hochmütig wird, so verursacht er, dass die Eigenschaft der Herrlichkeit - die Tora - hochmütig wird und sich nach oben zurückzieht, G-tt bewahre. Vielmehr bewirkt jeder, der sich mit Worten der Tora erniedrigt, dass die Herrlichkeit herabsteigt und sich selbst erniedrigt, dass sie zum Königtum fließt. Und siehe da, es gibt vier Sefirot unterhalb der Herrlichkeit, und sie haben drei Eigenschaften.

Die erste:
Wer über seine Schüler hochmütig wird, der bewirkt, dass die Pracht hochmütig wird und sich über den Sieg und die Majestät erhebt, die 'die von G-tt Gelehrten' sind - die Schüler der Pracht. Wer sich aber erniedrigt und sie mit Liebe lehrt, [bewirkt, dass] die Herrlichkeit sich auch zu ihren Schülern erniedrigt

und sie lehrt, je nachdem, was sie tragen können. Und in seinem Verdienst wird die Herrlichkeit auf die 'Gelehrten G-ttes' fließen, entsprechend ihrem Aspekt, der für sie angemessen ist.

Die zweite:
Einer, der sich mit seiner Tora über den Armen erhebt, wie die Begebenheit von Elijahu, der Rabbi Schimon ben Elazar wie ein hässlicher, entehrter und ekelhafter armer Mann erschien [Taanit 20a], um ihn zum Straucheln zu bringen. Da sein Kopf [von seinem Torawissen] geschwollen war und er den armen Mann entehrte, tadelte [Elija] ihn wegen seines Schandflecks. So wie jemand, der über den Armen hochmütig ist, bewirkt, dass die Pracht über die Stiftung hochmütig ist und nicht über sie fließt. Wenn aber der Geist des Weisen [in seinem Umgang] mit dem Armen ausgeglichen ist, dann wird das Prahlen auf das Fundament fließen. Daher sollte ein armer Mensch dem Weisen sehr wichtig sein, und er sollte ihn in seine Nähe bringen; und so wird das Fundament über das Prahlen betrachtet werden und [das Letztere] wird sich mit [dem Ersteren] verbinden.

Der dritte:
Wer von seiner Thora auf das Volk des Landes - das das allgemeine Volk G-ttes ist - hochmütig wird, der bewirkt, dass die Herrlichkeit über das Königtum hochmütig wird und nicht über es fließt. Vielmehr soll seine Gesinnung mit den Geschöpfen angenehm sein und alle Menschen der Siedlung vor ihm wichtig sein - wie sie unten im Geheimnis des Landes sind.

Tomer Devorah – Die Palme von Deborah — Sieben

Und G-tt bewahre, wenn er sie Esel nennt, erniedrigt er sie zu den Schalen. Daher wird er nicht den Verdienst haben, einen Sohn zu haben, der das Licht der Tora in sich trägt, wie es in der Gemara [Nedarim 81a] steht. Vielmehr sollte er sich ihnen gegenüber sanft verhalten, entsprechend ihrer Art und Weise, ähnlich wie die Herrlichkeit, die dem Königtum zufließt und sie entsprechend der Armut ihres Verstandes führt - denn der "Verstand der Frauen ist schwach" [Schabbat 33b]. Und dazu gehört, dass er nicht hochmütig wird über die Schwachen des Geistes, die im "Staub der Erde" enthalten sind. Und deshalb wurden die Alten nicht hochmütig gegenüber ihrer Tora, wie Rav Hamnuna in [dem Zohar,] Parschat Bereishit und wie Rabbi Chagai [Zohar, Teil I, S. 158a], und in den Tikkunim [Ende von Tikkun 26, S. 72b] jener Älteste, der floh, als sie ihn küssen wollten, weil er nicht hochmütig werden wollte mit Worten der Tora.

Er sollte auch daran gewöhnt sein, in seinem Hin- und Hergehen [seiner Diskussion und Argumentation] in den Worten der Thora die Wiedergutmachung der g-ttlichen Gegenwart zu beabsichtigen, sie zu reparieren und sie zum Ruhm zu schmücken - was das Gesetz zur Wahrheit ist. Und das ist [die Bedeutung von] einem **Streit um des Himmels willen** - das ist [für] Güte und Strenge, um zur Pracht, dem Himmel, zu kommen - damit das Gesetz demselben entspricht. Und er [sollte] sich von jeder Meinungsverschiedenheit trennen, die von dieser Linie abweicht, denn die Herrlichkeit wird das, was außerhalb ist, nicht erfassen wollen, selbst wenn es mit Worten der Tora ist. Wenn es [nur] zum Streiten ist, wird sein Ende Geihinom sein, G-tt bewahre. Und es gibt keinen Streit, der der Pracht nicht schadet, außer einem Streit um der Tora willen - denn 'alle ihre Wege sind Frieden' und die Liebe ist an ihrem Ende. Und wer Vergnügen aus den Worten der Thora konsumiert, der schadet dieser Eigenschaft, denn sie ist heilig und er [macht] sie zu Worten des Weltlichen. Aber wenn man sich mit den Worten der Tora zum Vergnügen des Höheren Reiches befasst, ist man glücklich. Und die Essenz von allem ist, seinen Geist durch den Aspekt des Denkens zu verfeinern und sich durch Geben und Nehmen zu prüfen. Wenn er eine Spur von etwas Unangemessenem findet, sollte er es zurücknehmen und immer der Wahrheit zustimmen, damit die Pracht - das Merkmal der Wahrheit - dort zu finden ist.

Tomer Devorah
Die Palme von Deborah

Moshe Cordovero
Akronym

Kapitel Acht

Wie ein Mensch sich mit den Eigenschaften des Sieges [netsach], der Majestät [hod] und des Fundaments [yesod] vertraut machen kann:

Die Wiedergutmachungen des Sieges und der Majestät in ihrer Gemeinsamkeit - wie bei den Wiedergutmachungen des Sieges und der Majestät sind einige von ihnen beiden gemeinsam und einige von ihnen sind einzigartig, jede für sich - sind wie folgt.

Und siehe, zuerst soll er denen, die Tora studieren, beistehen und sie stärken - sei es mit seinem Geld oder mit seinen Taten -, um für den Bedarf zu sorgen, den sie brauchen werden, für die Versorgung mit Nahrung und für die Versorgung mit allem, was sie brauchen, damit sie nicht von den Worten der Tora ablassen; und darauf zu achten, ihr Studium nicht zu entehren, damit sie nicht von ihrer Beschäftigung mit der Tora geschwächt werden, sondern sie vielmehr zu ehren und ihre guten Taten zu loben, um sie in ihrem Dienst zu stärken; und sie mit Büchern zu versorgen, die für ihre Beschäftigung erforderlich sind, und mit einem Studiensaal und allem, was dem ähnlich ist -

was zur Stärkung und Unterstützung derer dient, die sich mit der Tora beschäftigen. Es hängt alles von diesen beiden Eigenschaften [Sieg und Majestät] ab - jeder nach seinen Fähigkeiten, ob es wenig oder viel ist. Schließlich ist alles, was er darin vermehren kann, um die Tora zu ehren und zu stärken - mit seiner Rede, mit seinem Körper und mit seinen Mitteln - und um die Herzen der Geschöpfe zur Tora anzuregen, damit sie in ihr gestärkt werden; alles ist in diesen beiden Sefirot gehalten und verwurzelt, indem sie die genannt werden, die sie halten und ihre Unterstützer.

Wer sich mit der Tora beschäftigt, muss auch von jedem Menschen lernen, wie es geschrieben steht [Psalm 119,99]: "Von allen meinen Lehrern bin ich erleuchtet worden." Da die Tora nicht mit einem Lehrer vollendet wird, sondern da er ein Schüler aller wird, verdient er es, ein Wagen für den Sieg und die Majestät zu werden, 'die von G-tt Gelehrten'; und derjenige, der ihm die Tora gibt, ist auf der Ebene der Herrlichkeit. Und siehe, wenn er sitzt und die Thora studiert, verdient er, dass die Herrlichkeit über den Sieg und die Majestät fließt und dass er tatsächlich auf ihrer Ebene ist.

Sieg und Majestät einzeln - und siehe, in seinem Studium der Schrift, die von rechts kommt, hat er eine Verbindung zum Sieg einzeln; und in seinem Studium der Mischna, die von links kommt, hat er eine Verbindung zur Majestät einzeln. Und siehe, die Gemara, die in allem enthalten ist - so dass sie einen Beweis für die Gesetze der Mischna aus dem Vers bringt - ist eine Wiedergutmachung für beide zusammen.

Die Wiedergutmachung der Stiftung: Wie aber gewöhnt sich der Mensch an den Charakterzug der Stiftung? Er muss sich sehr vor der Rede hüten, die lüsterne Gedanken mit sich bringt, damit er nicht zu einem nächtlichen Erguss kommt. Es ist nicht nötig zu sagen, dass er nichts Schlechtes reden soll, aber es ist angebracht, sich auch vor einer reinen Sache zu hüten, die zu einem lüsternen Gedanken führt. Und so lautete der Ausdruck des Verses [Prediger 5,5]: "Dein Mund soll dein Fleisch nicht sündigen lassen" - er warnte davor, dass er seinem Mund eine Rede erlaubt, die sein heiliges Fleisch - das Zeichen des Bundes [Beschneidung] - durch einen ungewollten Ausfluss zur Sünde bringt. Und es steht weiter geschrieben: "Warum sollte G-tt zornig sein usw." - und wenn es sich um eine abscheuliche Rede handelte, was bedeutet dann "zur Sünde machen", die doch selbst eine Sünde ist? Vielmehr, auch wenn die Rede keine Sünde ist, sondern nur eine reine Sache - wenn sie zu lüsternen Gedanken führt, sollte er sich vor ihr hüten. Und deshalb heißt es: "Wenn du dein Fleisch zur Sünde bringst, warum sollte Er zornig sein" - das heißt, da sie zur Sünde führt, wird Er über diese Stimme zornig sein, auch wenn sie erlaubt ist. Da sie eine böse Handlung zur Folge hat, sind die Stimme und die Rede böse geworden. So vorsichtig muss man mit dem Zeichen des Bundes umgehen, um keine lüsternen Gedanken zu haben und nicht zerstörerisch zu sein.

Und er muss auch vorsichtig sein, denn das Fundament ist das Zeichen des Bündnisses des Regenbogens. Und der Bogen wird nur oben gespannt, um Pfeile zum Merkmal des Königtums zu senden; und er bewacht den Tropfen, der wie ein Pfeil schießt, um einen Zweig zu machen und eine Frucht zu tragen. Und so wie der Höchste Bogen niemals spannt, außer gegenüber dem erwähnten Ziel - so sollte ein Mann niemals den Bogen spannen und sich in keiner Weise eine Erektion verschaffen, außer gegenüber dem passenden Ziel. Und das ist seine Frau, wenn sie sich in der Zeit ihrer Reinheit befindet, also in der Zeit der Paarung. Und nicht mehr als das, denn das würde diesem Charakterzug schaden, G-tt bewahre. Und man braucht viel, viel Vorsicht - und die wichtigste Vorsicht ist, dass man sich vor lüsternen Gedanken hütet.

Tomer Devorah
Die Palme von Deborah

Moshe Cordovero
Akronym

Kapitel Neun

Wie ein Mensch sich an den Charakterzug des Königtums [malkhut] gewöhnen kann:

Sich herabzulassen:

Damit sein Herz nicht hochmütig wird, soll er sich vor allem immer wie ein Armer vor seinem Schöpfer stellen, wie ein Bedürftiger, der bittet und bettelt. Um sich an diesen Charakterzug zu gewöhnen, soll er - auch wenn er reich ist - denken, dass ihm von allem, was er hat, nichts anhaftet, und dass er verlassen ist und immer der Barmherzigkeit des Schöpfers bedarf, da er nichts hat außer dem Brot, das er isst. Und er soll sein Herz zügeln und sich betrüben. Und noch mehr zur Zeit seiner Gebete, denn das ist ein wunderbares Mittel. Und über das Gegenteil davon heißt es [Deuteronomium 8,14]: "Und dein Herz wird sich erheben, und du wirst vergessen" - so wie die äußere Vergesslichkeit dort zu finden ist. Und David hat mit dieser Eigenschaft viel gefleht, wie er sagt [Psalm 25,16], "denn ich bin allein und arm." Denn siehe, jeder einzelne seiner Hausgenossen muss sich selbst helfen - was sind sie dann für ihn? Und selbst seine Frau und seine Kinder, was werden sie ihm helfen, wenn er vor dem Schöpfer gerichtet wird oder wenn seine Seele abgezogen wird? Werden sie ihn weiter begleiten als bis zu seinem Grab? Was sind sie für ihn, wenn er von der Öffnung des Grabes und darüber hinaus gerichtet wird? Daher sollte er sich mit dem Geheimnis dieses Wesenszuges erniedrigen und verfeinern.

Ins Exil gehen:

Es gibt noch eine zweite Methode, die im Buch des Zohar [Vayekhel, 198b] erklärt wird und die sehr wichtig ist - dass er sich um des Himmels willen von Ort zu Ort verbannen soll. Und dadurch wird er zu einem Wagen für die verbannte G-ttliche Gegenwart. Und er sollte sich selbst vergleichen: "Siehe, ich bin im Exil, und siehe, ich habe alle Gefäße, die ich brauche, bei mir; was tut die Ehre des Höheren Reiches, da die g-ttliche Gegenwart verbannt wurde, aber ihre Gefäße nicht bei ihr sind - da sie wegen des Exils entfernt wurden?" Und so sollte er seine Gefäße mit all seinen Fähigkeiten minimieren, wie es geschrieben steht [Jeremia 46:19]: "Gefäße eines Verbannten mache dir". Und er sollte sein Herz im Exil unterwerfen und sich mit der Tora verbinden; dann wird die g-ttliche Gegenwart mit ihm sein. Und er sollte sich eine Verbannung machen und sich immer aus dem Haus seiner Ruhe vertreiben, so wie Rabbi Schimon und seine Kollegen sich vertrieben und sich mit der Tora beschäftigt haben. Und erst recht, wenn er ohne Pferd und Wagen von Ort zu Ort stapfen kann. Von einem solchen heißt es [Psalm 146:5], "seine Hoffnung [sivro] ist auf den Herrn, seinen G-tt" - und sie erklärten [Zohar, Vayekhel, 198a] dazu, dass es ein Ausdruck des Zerbrechens [shever] ist - so, dass er seinen Körper für die Ehre des Höheren Reiches bricht.

G-tt zu fürchten:

Es gibt noch eine weitere sehr wichtige Eigenschaft des Königtums, und sie ist das Tor zu allen g-ttlichen Diensten, nämlich die Furcht vor dem glorreichen und ehrfurchtgebietenden G-tt. Und siehe, die Furcht ist sehr gefährdet, dass ihr Schaden zugefügt wird und dass die äußeren Kräfte in sie eindringen. Und siehe, wenn er sich vor Kummer, vor dem Tod oder vor Geihinom fürchtet - beachte, dass dies Furcht vor den äußeren Kräften ist, da alle diese Funktionen von den äußeren Kräften ausgehen. Aber die wesentliche Furcht ist die Furcht vor G-tt - und das ist, dass er an drei Dinge denkt.

Die erste:

Dass die Größe des Schöpfers von allem über allem steht, was existiert.

Und siehe, ein Mensch fürchtet sich vor einem Löwen, vor einem Bären, vor einem gewalttätigen Mann, vor Feuer, vor einem herabstürzenden Bauwerk, und doch sind es kleine Wirkungen. Warum sollte er sich also nicht vor dem großen König fürchten, so dass seine Furcht vor seiner Größe auf seinem Gesicht steht. Und er sollte sagen: "Wie kann sich ein unwürdiger Mensch an einem so großen

Meister versündigen? Und siehe, ist es, weil Er, wenn Er ein Bär wäre, ihn fressen würde, während der Heilige, gepriesen sei Er, die Beleidigung tatsächlich duldet, dass er sich nicht vor Seiner Ehrfurcht und Seiner Größe fürchtet?"

Die zweite:

Wenn er sich seine ständige Beaufsichtigung vorstellt, so dass er ihn beobachtet und überwacht.

Und siehe, der Sklave fürchtet sich immer vor seinem Herrn, wenn er vor ihm steht. Und der Mensch steht immer vor dem Schöpfer, und Sein Auge ist offen für alle seine Wege - er sollte sich ängstigen und fürchten, wie Er sich selbst sieht, die Gebote G-ttes zu missachten.

Der dritte:

Er ist die Quelle aller Seelen.

Und sie sind alle in Seinen Sefirot verwurzelt. Und so schadet der Sünder Seinem Gemach. Und warum fürchtet er nicht, dass die Kammer des Königs durch seine schlechten Taten beschmutzt wird?

Der vierte:

Seine Angst, dass der Fehler seiner Taten die g-ttliche Gegenwart von oben verdrängt.

Tomer Devorah – Die Palme von Deborah

Und er sollte fürchten, wie er dieses große Übel verursacht, um das Verlangen des Königs von der Königin abzubrechen. Und die Furcht, die dem ähnlich ist, ist die Furcht, die den Menschen zur Wiedergutmachung dieses Wesenszuges aufrichtet. Und er sollte sich daran festhalten.

Er muss dafür sorgen, dass die g-ttliche Gegenwart durch sein Verhalten gegenüber seiner Frau an ihm haftet:

Es gibt auch viel Sorgfalt, die ein Mann in dieser Hinsicht auf sich nehmen muss, damit die g-ttliche Gegenwart an ihm haftet und nicht von ihm getrennt wird. Und siehe, es ist offensichtlich, dass, wenn ein Mann eine Frau noch nicht geheiratet hat, die g-ttliche Gegenwart überhaupt nicht bei ihm ist; denn das Wesen der g-ttlichen Gegenwart für einen Mann ist von der Seite der Frau. Und der Mann steht zwischen den beiden Frauen - der niederen physischen Frau, die ihm "Fleisch, Hülle und Zeit" nimmt, und der g-ttlichen Gegenwart, die über ihm steht, um ihn mit all dem zu segnen, damit er der Frau seines Bundes gibt und wieder gibt. Dies ist wie die Sache der Herrlichkeit, die zwischen zwei Frauen steht - der Höheren Mutter [Verstand], die ihm alles Nötige zuführt, und der Niederen Mutter [Königtum], die von ihm Fleisch, Decke und Zeit empfängt, die bekanntlich Güte, Urteil [Strenge] und Barmherzigkeit [Herrlichkeit] sind. Und die G-ttliche Gegenwart wird nicht zu ihm kommen, wenn er nicht der Höchsten Existenz gleicht.

Tomer Devorah – Die Palme von Deborah — Neun

Behold, sometimes a man separates from his wife for one of three reasons:

Die erste:
Weil sie eine Menstruierende ist.

Die zweite:
Dass er sich mit der Tora beschäftigt und sich alle Wochentage von ihr trennt.

Die Dritte:
dass er sich auf den Weg macht und sich vor Sünde hütet.

Und zu diesen Zeiten ist die g-ttliche Gegenwart an ihm haftend und gebunden und verlässt ihn nicht, damit er nicht verlassen und getrennt wird. Vielmehr ist der Mensch immer vollständig, männlich und weiblich. Und siehe, da die g-ttliche Gegenwart mit ihm verbunden ist, wenn er sich auf den Weg macht, muss der Mensch darauf achten, dass sie sich nicht von ihm trennt. Und er sollte sich bemühen und belohnen, das Gebet des Weges zu beten und an der Tora festzuhalten. Denn aus diesem Grund steht die g-ttliche Gegenwart - die der Schutz des Weges ist - immer für ihn, indem er sich vor Sünde hütet und sich mit der Tora beschäftigt. Und so steht auch, wenn seine Frau menstruiert, die g-ttliche Gegenwart über ihm, wenn er die Gesetze der Menstruierenden beachtet, wie es sich gehört. Danach, in der Nacht ihrer Reinheit, in der Schabbatnacht oder bei seiner Rückkehr vom Weg - jedes von ihnen ist eine Zeit des befohlenen Geschlechtsverkehrs. Und die g-ttliche

Tomer Devorah – Die Palme von Deborah

Gegenwart oben öffnet sich, um heilige Seelen aufzunehmen; so ist es seiner Frau angemessen, sie zu besuchen. Und damit ist die g-ttliche Gegenwart immer bei ihm. So wird es im Zohar in Parshat Bereishit [S. 49a] erklärt.

Der Besuch bei seiner Frau muss genau dann erfolgen, wenn sich die g-ttliche Gegenwart zwischen den beiden Unterarmen befindet [Güte und Strenge]. Zu einer Zeit, in der die g-ttliche Gegenwart nicht zwischen den beiden Unterarmen ist, ist es jedoch verboten. Und so wird es in den Tikkunim, Parschat Bereishit [Tikkun 69] erklärt.

Der Besuch bei seiner Frau muss genau dann erfolgen, wenn sich die g-ttliche Gegenwart zwischen den beiden Unterarmen befindet [Güte und Strenge]. Zu einer Zeit, in der die g-ttliche Gegenwart nicht zwischen den beiden Unterarmen ist, ist es jedoch verboten. So wird es in den Tikkunim, Parschat Bereishit [Tikkun 69] erklärt.

Alle Eigenschaften wiederherstellen und das Joch der Gebote annehmen:

Wer mit der Königstochter verbunden sein will, und dass sie sich nie von ihm trennt, muss sich zuerst mit allen Arten von Schmuck und schönen Kleidern schmücken, und das sind die Wiedergutmachungen aller genannten Eigenschaften. Und nachdem er sich mit den Wiedergutmachungen repariert hat, sollte er beabsichtigen, Sie auf sich zu empfangen - indem er sich mit der Tora beschäftigt und immer das Joch der

Gebote im Geheimnis der Absicht zur Vereinigung trägt. Und dann heiratet sie ihn sofort und trennt sich nicht mehr von ihm. Und das unter der Bedingung, dass er sich reinigt und heiligt. Und nachdem er rein und heilig ist, sollte er daran denken, für sie Fleisch, Kleidung und Zeit zu erfüllen, die ein Mann verpflichtet ist, seiner Frau zu geben.

Die erste:

Ihr mit all seinen Taten einen Zufluss von rechts zu gewähren -[bspw.] ihre Nahrung.

Die zweite:

Sie von der Seite der Strenge zu bedecken. Dass die äußeren Kräfte nicht über sie herrschen, so dass es nicht eine Seite des bösen Impulses in seiner Verwicklung mit den Geboten gibt - wie Vergnügen für den Körper, oder Hoffnung auf illusorische Ehre und ähnliches. Denn der böse Trieb ist dann in diesem Gebot zu finden; und sie flieht davor, weil es 'Nacktheit' ist. Wenn das so ist, muss er die Blöße bedecken, um sie immer zu verbergen, damit sie nicht über sie herrschen kann.

Wie ist das zu verstehen? Alle seine Taten sollten um des Himmels willen geschehen, ohne einen Anteil für den bösen Trieb. Und so sind auch Tefillin und Tsitsit ein großer Schutz für sie, so dass die äußeren Kräfte nicht über sie herrschen. Und er sollte daran gewöhnt sein, sie zu tragen.

Der dritte:

Sie mit Glanz zu vereinen zur Zeit der Rezitation des Schemas und bei der Festlegung der Zeit für das Torastudium. Und wenn er eine Zeit für irgendetwas festlegt, sollte er daran denken, dass dies die festgelegte Zeit der G-ttlichen Gegenwart, der Tochter des Königs, ist. Und es gibt einen Hinweis darauf in den Tikkunim.

Tomer Devorah
Die Palme von Deborah

Moshe Cordovero
Akronym

Kapitel Zehn

Sich mit den Sefirot entsprechend der Zeitperiode zu verbinden:

Rabbi Shimon erklärt im Zohar, Parschat Bereishit [S. 11a] einen großen und bedeutenden Ratschlag aus der Tora, wie ein Mensch sich mit der Höchsten Heiligkeit verbinden, mit ihr handeln und sich niemals von den Höchsten Sefirot trennen soll. Und darin muss der Mensch der Zeit entsprechend handeln, d.h. er muss wissen, welche Sefirah zu dieser Zeit herrscht, sich mit ihr verbinden und die Wiedergutmachung tun, die sich auf die Eigenschaft bezieht, die deshalb herrscht.

Nachts sollte er sich mit dem Königtum verbinden:

Und er beginnt in der Nacht, wenn der Mensch sich auf sein Bett legt. Und siehe, die Herrschaft liegt bei der Nacht, dem Merkmal des Königtums. Und er geht schlafen - und der Schlaf ist dem Tod ähnlich, und der Baum des Todes herrscht. Was soll er tun? Er sollte sich reparieren und vorausgehen, um sich mit dem Geheimnis der Heiligkeit zu verbinden, das das

Geheimnis des Merkmals des Königtums ist, unter dem Aspekt seiner Heiligkeit. Er sollte sich also auf sein Bett legen und das volle Joch des himmlischen Königtums mit Konzentration des Herzens annehmen. Er steht um Mitternacht auf, wäscht seine Hände von der Schale, die sie beherrscht, entfernt das Böse von seinem Fleisch und spricht einen Segensspruch. Und er sollte die g-ttliche Gegenwart durch die Beschäftigung mit der Tora wiederherstellen. Und darüber heißt es [Sprüche 6,22]: "Wenn du dich niederlegst, wird sie über dich wachen", vor den äußeren Kräften; "und wenn du erwachst, wird sie mit dir reden." Und sie wird mit ihm verbunden sein, und er mit ihr. Und das Ebenbild seiner Seele wird sich im Garten Eden erheben mit der g-ttlichen Gegenwart, die dort mit den Gerechten eintritt. Und die Herrlichkeit wird auch dorthin kommen, um mit den Gerechten zu spielen, und mit ihm in ihrer Gesellschaft - da sie alle auf seine Stimme hören werden. Siehe, er ist tatsächlich mit ihr aus dem Tod und dem Schlaf in das Geheimnis des Gartens Eden gereist und hat begonnen, das Licht der Herrlichkeit, das im Garten Eden über die Gerechten funkelt, über ihn funkeln zu lassen. Und so wird es im Zohar, Parshat Terumah [S. 130b] erklärt.

Am Morgen sollte er sich mit den Charakterzügen der drei Väter verbinden, die in Splendor enthalten sind: Wenn die Morgendämmerung anbricht, beginnt auch er, in die Synagoge zu kommen und sich mit den drei Vätern zu verbinden. Bei der Eröffnung der Synagoge sagt er: "Ich aber, durch deine große Güte, gehe ein usw." [Psalmen 5,8]. Und er schließt sich selbst in das Geheimnis der Herrlichkeit des Menschen ein, die Güte, Strenge und Herrlichkeit umfasst, und er betritt die Versammlung des Königtums.

Und er hat in dem Vers die Absicht für die drei Väter:

"Durch Deine überschwängliche Güte" - das ist Avraham.

"Ich verneige mich vor Deiner heiligen Kammer" - das ist.

Yitzchak, als Verbeugung, um seine Statur vor dem Merkmal des Gerichts [Schwere] zu beugen, um vor ihm weggeschoben zu werden, ist von seiner Seite. Und dann wird die Zeit des Schmerzes vor ihm weggeschoben, während ein Strom der Barmherzigkeit von oben her angezogen wird, um ihn zu versüßen.

"In deiner Ehrfurcht" - das ist Jaakow, denn von ihm steht geschrieben [Genesis 28,17], "wie herrlich ist dieser Ort".

Die Eigenschaften, mit denen er sich im Laufe des Laufe des Tages verbindet:

Vor dem Gebet steht er in der Synagoge. Sein Mund verströmt das Gebet und die Vereinigung des Fundaments - die Quelle des Brunnens [Fundament] öffnet sich im Brunnen, der die Synagoge

[Königtum] ist - und er repariert die g-ttliche Gegenwart mit der ganzen Kraft der Absicht seines Gebets. Er geht von dort aus und steigt zum Geheimnis der Tora auf und verbindet sich mit ihr im Geheimnis des Tagesmaßes; und er ist den ganzen Tag über mit ihr verbunden bis zur Zeit des Nachmittagsgebets, wenn er sich mit der Schwere verbindet. Wie siehe, am Morgen war er in seinem Gebet mit der Güte verbunden, und am Tag mit der Pracht in der Beschäftigung mit der Thora; und so ist es am Abend mit der Strenge. Und all das ist im Maß des Tages - dass er in die Synagoge kommt, um sich mit dem Geheimnis der Strenge zu vereinen, so wie er es von der Seite der Güte aus tat.

Und dazwischen verbindet er die g-ttliche Gegenwart mit ihm in seiner Mahlzeit, so dass er dem Armen Güte erweist - wie Hillel der Ältere [Vayikra Rabba 34:3] sagen würde: "Ein Gerechter sollte die Seele seines Tieres kennen" [Sprüche 12:10]. Und das sollte seine Absicht beim Essen sein, der Seele des Tieres Güte zu erweisen und sie mit dem Geheimnis der Nahrung zu verbinden.

Und nachdem er zur Zeit des Nachmittagsgebets angekommen ist und sich mit der Schwere verbunden hat, wartet er auf den Abend und Splendor geht hinunter zum Königtum. Und siehe, er ist bei der Pracht zu Beginn der Nacht, verbindet sich mit ihr und betritt die Synagoge mit der oben erwähnten Absicht, und er verbindet sich unten - so kommt die Pracht in das Haus ihrer Unterkunft.

Tomer Devorah – Die Palme von Deborah — Zehn

Er verlässt die Synagoge und vereinigt sich wahrhaftig mit dem Königtum allein, durch das Geheimnis, das Joch des Himmelreichs anzunehmen. Und das ist seine Stärke während des Tages, mit der Kraft der Sefirah. Und er sollte sich immer an das Licht klammern, das regiert.

This essence of this counsel is in the Zohar, Parshat Bereishit, and the rest is is gathered from many places in the Zohar. It is a comprehensive counsel, to always connect a man to holiness; and the crown of the Divine Presence will thereby never leave his head.

Sie ist ganz und vollständig - Lobpreisung G-ttes, der alles Verborgene kennt - heute, am vierten Tag der Woche, am zwölften Tag des Monats Marschewan, in dem Jahr, das in dem Vers verschlüsselt ist: "Meine Rede soll ihm wohlgefällig sein; ich will mich des Herrn freuen" [Psalm 104,34].

Tomer Devorah – Die Palme von Deborah   Zehn

www.ingramcontent.com/pod-product-compliance
Lightning Source LLC
Chambersburg PA
CBHW070156080526
44586CB00015B/2008